吉首大学首届MTA优秀教学案例集

鲁明勇 粟 娟 杨卫书 ◎ 编著

中国旅游出版社

序

  案例教学是我国 MTA 专业学位研究生人才培养的重要环节，优质 MTA 教学案例的开发与编写是每个 MTA 培养院校的一项重要工作。自 2013 年起，全国 MTA 教育指导委员会秘书处每年组织开展全国 MTA 优秀教学案例征集、评选和出版工作，目前已经连续完成了多届全国 MTA 优秀教学案例的征集与评选，出版了多本全国 MTA 优秀教学案例集。近十余年 MTA 专业硕士人才培养实践证明，教学案例建设可以精进教师的教学能力，提升老师积极参与现实问题的思考和研究，引导学生洞察行业发展趋势，解读和剖析鲜活的文化和旅游产业实践，有利于提升 MTA 人才培养质量。

  吉首大学旅游学院办学在世界知名旅游城市张家界，2018 年获得 MTA 学位授权，2019 年首届招生，至今已经招生 MTA 六届，已有百余学生。2022 年顺利通过国务院学位委员会、教育部开展的学位授权点周期性合格评估。学院秉承"以旅兴旅，产教融合"的宗旨，积极探索适应旅游强国、国家乡村振兴、湖南"三高四新"等国家级省级战略需求，服务武陵山区旅游业高质量发展，面向旅游行业发展实际，具有国际化视野、互联网思维、数字化技能，具有社会责任感、创新创业能力和旅游职业素养，能够胜任现代旅游业及相关行业实际工作的高层次复合型、应用型专门人才培养模式；坚持以"学生为中心"的教学理念，构建"政、企、学、研、教"五位一体协作培养机制，实施"理论课程 + 移动课堂"双轮驱动课程教学改革，推进"项目牵引 + 服务实践 + 学术沙龙"三位一体创新培养体系。整合校内外资源，与武陵山区各级政府、企事业单位、学术研究机构及行业主管部门等密切合作，共建十余个研究生创新人才培养实践基地，保障学生实践能力提升；重视案例研发、开展移动课堂、现场教学，采用启发式、研讨式、案例式等多元教学方法，提高学生理论水平和专业素养；引导学生积极参与教师课题研究，跟随老师参加学术会议、学术沙龙及论坛，近五年，师生合作研发撰写教学案例 18 个，完成旅游规划、旅游咨询项目近 50 项，全面提升了研究生的创新能力。

2021 年学院成功举办吉首大学 MTA 及管理类首届优秀案例大赛，本书收录了本次获奖的 7 篇 MTA 优秀教学案例，在案例征集与遴选上遵循高质量要求，旨在贡献具有张家界印记的武陵山区优秀 MTA 教学案例。本书的案例既有对张家界及周边地区旅游企业内部控制与管理的快速反应，又有对网红景区、旅游商品市场营销策略的深度解读，还有对乡村旅游开发案例的全面解剖。从小处着眼，深入剖析，切实反映以张家界为典型范例的中国文旅产业发展的新特点和新动向，为读者呈现张家界乃至中国文旅深度融合发展的新图景。

本案例集具有三个重要特色。

第一，案例研发主体上，突出了师生共创特点。

本案例集遴选的 7 个案例均由研究生导师与所带学生共同研发完成。如芙蓉镇新媒体营销案例、天门山标准化服务质量管理案例研发成员既是 MTA 学生又是该企业的高层管理者，"除了阿妹你都能带走"案例研发团队既有 MTA 的行业导师，又有 MTA 学生。教学案例的研发，一方面，极大地鼓励了 MTA 专任教师积极参与现实问题的思考和研究，提高了研究生创新能力和服务经济社会能力；另一方面，对促进产业与教育融合，理论与实践结合起到重要的联结作用。

第二，案例研发取材上，彰显了鲜明的校地合作特点。

学院办学在世界知名旅游地张家界，张家界旅游的发展史就是中国旅游蓬勃发展的见证，也是中国旅游业的经典样本。在它的每个发展阶段，每个行业部门、每个供给要素都有信手拈来的鲜活教学案例。学院助推湘西州成功创建"十八洞·矮寨奇观景区""凤凰古城"两个国家 5A 级旅游景区，助推多个校地合作项目的品牌创建，包括南滩草场成功申报"国家草原自然公园"、张家界市龙尾巴村入选全国乡村旅游重点村名录、永顺县方石岩生态旅游乡村振兴项目等。在此基础上，提炼、开发和编写了具有本土资源开发特色、景区管理范式、创新营销示范价值的优秀教学案例，供全国旅游从业人员、学者及本硕学生深入学习。

第三，案例研发出版上，突出了首创性与地方性特点。

本届案例集是吉首大学旅游学院 MTA 教育教学改革实践的重要成果，是产教融合背景下全面深化教学内容改革的重要结晶，也是专业和学科有机联动、师生共创共享的改革成果。本案例集是非全国 MTA 教指委指定单位出版的第一本案例集，是一般本科院校 MTA 学位点单位主编出版具有地方特色的首部案例集，它弥补了全国 MTA 教指委出版的 MTA 优秀案例对地方高校"水土不服"的缺陷，为地方高校 MTA 创新人才培养提供了崭新的范本。

吉首大学旅游学院 MTA 首届案例集的出版问世，必定激发更多业界、学界对旅游现实"真"问题、"活"案例研究与探索的热情与兴趣。相信吉首大学旅游学院能坚守扎根张家界、面向大湖南、辐射全中国、服务大基层的初心，为培养思政过硬，具有国际化视野、数智化思维、数字化技能，能适应新时代旅游发展新技术、新业态、新模式的高级应用型人才持续发力，研究开发出更多符合 MTA 案例教学要求，具有本土特色，能与国际对话的高质量 MTA 教学案例。

湖南师范大学　王兆峰

2024 年 12 月 8 日

目　录

新媒体引爆老古镇——芙蓉镇旅游焕发新活力[1]

鲁明勇　资　坚　杨滢琳[2]

内容提要：湖南芙蓉镇，早在 35 年前（1986 年），就因著名导演谢晋和红极一时的明星刘晓庆完成的《芙蓉镇》电影而一炮走红，但随着时间推移，其旅游火爆没有延续下来，反被凤凰古城后来居上。2018 年，新的经营者入驻芙蓉镇，强势借力移动互联网新媒体营销，一举打破不温不火的局面，游客数量呈爆发式增长，成为著名的网红打卡地。本案例描述了芙蓉镇景区如何在古城古镇景区同质化竞争激烈的大环境之下，全方位、立体化、轰炸式地利用新媒体，打造"挂在瀑布上的千年古镇"品牌，成为网红打卡地的过程。案例从景区经营者的视角以 SWOT 分析方法讨论了景区面临的外部环境和内部资源，通过旅游产品创新、新媒体营销运用、跨界合作等策略，从新视角、新格局，以团队协同的方式探讨旅游景区的新媒体营销策略的应用和实践。本案例是移动互联网时代利用新媒体成功营销古镇景区的典型案例，其营销题材、营销方式、营销手段、营销过程等科学的、成功的路径和机制，对古镇营销有重大启示和示范价值。

关键字：新媒体；营销；芙蓉镇

---

[1] 本案例由吉首大学旅游学院鲁明勇教授、吉首大学研究生资坚和杨滢琳共同编写，案例资料主要来源于对企业实地调研、相关统计数据及公开信息资料。作者拥有著作权中的署名权、修改权、改编权。由于企业保密的要求，在本案例中对有关名称、数据等做了必要的掩饰性处理。本案例只供课堂讨论之用，并无意暗示或说明某种管理行为是否有效。

[2] 作者简介：鲁明勇（1969—），男，苗族，湖南古丈人，吉首大学教授、硕士生导师，湘西自治州人民政府智库专家，张家界市旅游特派专家；研究方向为旅游管理、区域发展与管理。资坚（1981—），男，湖南耒阳人，吉首大学硕士研究生；研究方向为旅游企业经营与管理。杨滢琳（1989—），女，山东德州人，吉首大学硕士研究生；研究方向为区域旅游。

一、问题缘起：芙蓉镇短短两年游客量从21万人次增至150万人次

随着新媒体的发展，人们的生活更加智能化，边界混合多样化。对老品牌的旅游景区来说，秀美的风景、悠久的历史、多样的文化是吸引游客前来观光休闲的条件和基础，但是老品牌旅游景区，若还是依靠"酒香不怕巷子深"的思想，或仍然拘泥于报纸、杂志等传统媒体进行宣传，注定要被时代淘汰。

芙蓉镇，原名王村，位于湖南省湘西土家族苗族自治州境内的永顺县，是秦汉时土王的王都，古称酉阳，五代十国时称溪州，位于酉水北面，通川黔、达鄂沪，得天独厚，是一座具有两千多年历史的古镇，因有一条瀑布穿镇而过，又称"挂在瀑布上的千年古镇"。芙蓉镇是融自然景色与古朴的民族风情为一体的旅游胜地，四周青山绿水，镇区内是曲折幽深的大街小巷，临水依依的土家吊脚木楼以及青石板铺就的五里长街，处处渗透着醇厚古朴的土家族民风民俗。

1986 年，著名导演谢晋和当时的明星刘晓庆、姜文以王村镇为外景地，完成了电影名作《芙蓉镇》，享誉国内外。随着电影《芙蓉镇》的成功，小镇也一举成名，游客慕名而来，络绎不绝，2007 年王村正式更名为芙蓉镇。而当时的凤凰古城，还锁在沱江边的"深闺"里，不为广大游客所知。

2003 年，在连续策划了"天下凤凰聚凤凰"和"棋行天下——中日韩国围棋巅峰之战"后，凤凰古城知名度逐渐超越芙蓉镇，到 21 世纪最初的 10 年，凤凰古城已成为继张家界之后大湘西旅游的新目的地。芙蓉镇却几乎一直在原地踏步，30 多年来每年旅游人次一直在 10 万~20 万徘徊，在新经营者入驻之前，旅游人次最多的 2017 年也仅 21 万人次，见图 1。发展了 30 多年的芙蓉镇旅游，其旅游人次仅仅突破 20 万[1]。

芙蓉镇旅游的再次引爆，是 2018 年。从图 1 可以看出，2018 年新经营者进入之后，到 2019 年，芙蓉镇旅游人次突然大爆发，达到 150 万人次，比 2017 年增长了 6 倍多。2020 年虽然受到了新冠疫情影响，游客量比上年有所下降，但仍然有 136.46 万人次。到 2021 年 11 月，在新冠疫情稍稍放松的情况下，芙蓉镇旅游人次离 200 万已不远了。

---

[1] 数据来源于芙蓉镇景区内部资料。

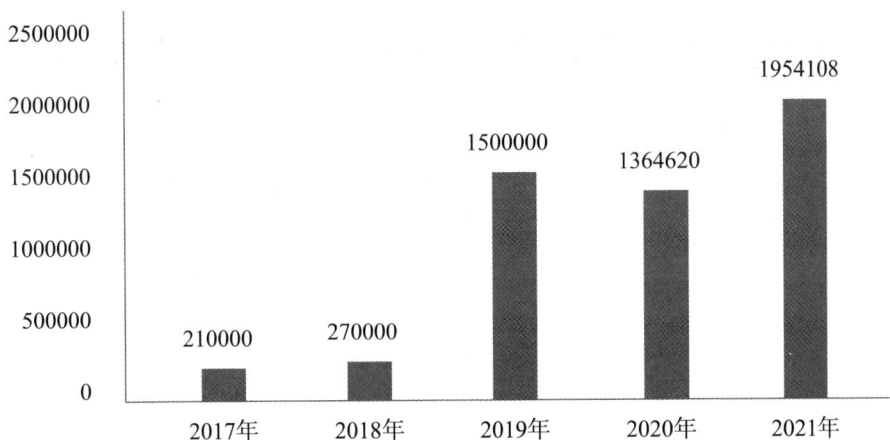

图 1 2017—2021 年芙蓉镇景区人流量（单位：人次）

数据来源：芙蓉镇景区内部资料。

在 20 世纪 80 年代就开始火爆但没有持续下来的湘西芙蓉镇老景区，面对周边包括凤凰古城在内的、较高同质化的、竞争激烈的古城古镇旅游景区，在短短一两年内，游客量引爆式增长，焕发了新活力，这是怎么做到的？

二、行业背景：文旅小镇面临激烈的同质化竞争

（一）我国文旅小镇的发展面临同质化制约

我国旅游业发展迅速，大众旅游时代已经来临。人们对旅游品质的需求逐渐提高，以自然资源为导向的传统观光旅游已经不能满足人们日益增长的旅游需求，文化旅游日益受到青睐。中央加大对地方文化和旅游项目投入资金，我国文化旅游迎来发展的黄金期，一大批文旅特色小镇兴起。根据对全国 31 个省市特色小镇产业规划的汇总分析，到 2020 年特色小镇总规划建设 2698 个，市场规模达到 16127.5 亿元，同比增长 29.7%[1]，如表 1、图 2 所示。

---

[1] 数据来源于观研天下《2020 年中国特色小镇市场分析报告——市场现状调查与投资战略研究》。

表 1 　我国 31 个省份特色小镇规划目标

省、区、市	规划数量（个）	规划投资（亿元）
北京	42	2100
天津	20	1000
河北	100	5000
山西	40	1200
内蒙古	48	480
辽宁	50	1000
吉林	80	1600
黑龙江	100	2000
上海	40	2000
江苏	100	5000
浙江	100	5000
安徽	80	2400
福建	100	5000
江西	60	1800
山东	100	5000
河南	50	1500
湖北	50	1500
湖南	100	3000
广东	100	5000
广西	330	2000
海南	100	5000
重庆	30	300
四川	200	2000
贵州	100	1000
云南	200	2000
西藏	100	1000
陕西	100	1000
甘肃	18	180
青海	20	200
宁夏	40	400
新疆	100	1000
合计	2698	67660

数据来源：观研天下。

（亿元）

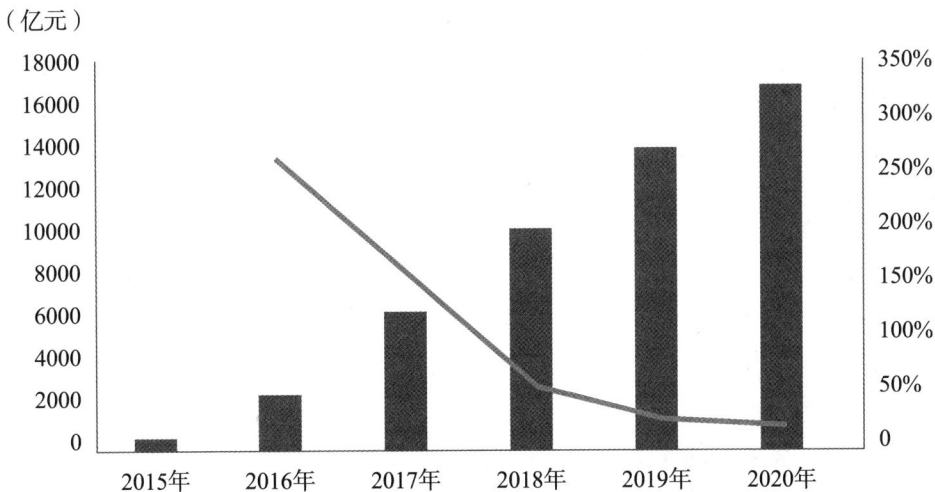

图2　2015—2020年我国文旅特色小镇行业市场规模及增长预测情况

数据来源：观研天下。

在文旅小镇大量涌现的前提下，同质化、冷清的小镇千篇一律，爆红的古镇万里挑一。我国文旅特色小镇经历了由热到冷、由冷到稳的过程。目前，我国文旅小镇挑战与机遇并存，迈入战略窗口期，存在重要发展机遇。

（二）湖南文旅特色小镇旅游同质化竞争更加激烈

2019年和2020年，湖南省先后遴选了两批共20个文旅特色小镇。在湖南省人民政府出台的《湖南省支持省级特色产业小镇发展的政策意见（2019—2021年）》[1]等政策支持下，湖南省文化和旅游厅以实干实效，着力推进文旅特色小镇提升文化内涵，推进文旅深度融合，突出产业特色，创新服务体系和管理机制，扩大品牌效应，充分发挥文旅特色小镇的吸引力和辐射带动力，促进乡村振兴和新型城镇化建设，把文旅特色小镇打造成湖南文化和旅游发展的亮丽名片。湖南目前的20家文旅特色小镇或聚焦红色文化，或彰显民族风情，或依托文化和自然遗产。通过近两年的建设发展，文旅特色小镇的文化内涵进一步提升，产业特色进一步凸显，品牌效应进一步扩大。

---

[1]　2019年11月1日由湖南省人民政府办公厅发布的《湖南省支持省级特色产业小镇发展的政策意见（2019—2021年）》。

但是在大发展的同时，许多大投资的文旅特色小镇，陷入了巨大危机。湖南省长沙市铜官窑古镇，投入 200 亿元，入选 2019 年湖南省十大特色文旅小镇，依托有着 1200 多年历史的长沙铜官窑遗址，以历史文化为魂，以陶瓷文化为根，以唐风古韵筑形，以工匠精神铸品，号称再现汉唐盛世风采，传承千年湖湘文明。然而铜官窑古镇在 2019 年开园之际，就受到社会和市场的强烈诟病，之后投资方陷入了资金危机，目前前景堪忧。投资 50 多亿元的常德市桃花源古镇，也陷入类似于铜官窑古镇局面，游客量和市场表现不尽如人意。同时，在武陵山片区，大量的小镇奔着旅游开发而来，如怀化的洪江古镇、乾阳古镇，贵州的镇远古镇，湘西州的里耶古镇、浦市古镇、边城古镇，张家界的大庸古城、溪布街、古庸城，重庆的洪安古镇、龙潭古镇、濯水古镇等，扎堆在一起，文化同源，产品同质，竞争相当激烈。

三、古镇新机：新经营者新策略

面对芙蓉镇旅游长期不温不火的局面，湘西自治州和永顺县政府实施了大量政策与措施。20 世纪 90 年代初，就引进投资者，以买断经营权的形式对芙蓉镇、猛洞河漂流等进行经营，但绩效并不尽如人意。到 21 世纪初，湘西州"芙蓉镇景点圈"建设工程开始实施，政府收回了永顺县与古丈县两县交界的芙蓉镇、红石林、座龙峡、猛洞河漂流等著名景区的经营权，统一经营，但仍然没有取得预期效果。到 21 世纪头十年末，又解散了"芙蓉镇景点圈"统一经营模式，回到各景区独立运营模式。就这样折腾来折腾去，一直没有找到合适的模式和手段，来解困芙蓉镇旅游的发展。这期间，凤凰古城的快速崛起，更是对芙蓉镇造成巨大压力。面对这一压力，湘西州和永顺县认识到，旅游产业的市场，仍然需要市场行为来解决，引进有实力的战略投资者，是芙蓉镇旅游发展的根本出路。于是 2018 年湖南华夏投资集团有限公司（以下简称"华夏集团"）被引进经营芙蓉镇景区。

华夏集团是集文教、文旅、文创、文居、文投于一体的大型建造商和运营商，公司成立于 1999 年，产业涉及教育、旅游及旅游配套服务综合体、金融及股权投资等，集团旗下拥有多家全资及控股企业，所属员工近万人。集团倾力打造和运营以文教、文旅、文创、文居、文投为核心的华夏文旅生活，创造性地传承和发扬当地传统民族文化精粹，营造宜学、宜游、宜养、宜业、宜居的复合型生态居住环境。华夏集团曾买断原"芙蓉镇景点圈"内的古丈县红石林景区，成功引导该景区走出困境，具有打造该景点圈的成功经验。

（一）芙蓉镇景区面临激烈的旅游空区竞争

华夏集团入驻芙蓉镇景区之时，面临着一个不容回避的严峻问题，即芙蓉镇景区处于北部张家界和南部凤凰古城这两个明星景区的强势"遮蔽"效应之下，旅游资源优势并未充分发挥，品牌效应也无从谈起。在"张家界—凤凰"黄金旅游线路中的重要地位并未体现，反倒沦为一块洼地。更为严重的是，湘西州境内各县市各种特色小镇鳞次栉比，竞争激烈，且同质化严重，有 5A 级文旅古镇 1 个，4A 级文旅古镇 4 个，3A 级 2 个，如表 2 所示。

表 2　湘西旅游特色小镇竞争分析

竞争项目	地理位置	景区等级	主要景点
凤凰古城	湖南省湘西自治州西南边	AAAA	凤凰古镇、苗王城古寨、奇梁洞、山江苗寨、飞水谷
龙山县里耶镇	龙山县城南124千米处	AAAA	里耶秦简、里耶古城遗址、秦文化主题公园、明清古街
泸溪县蒲市镇	泸溪县南端20千米处	AAA	沅水古城墙、万寿宫、李家书院、青莲世第
花垣县边城镇（茶峒镇）	距离花垣县城25千米处	AAA	茶峒古镇、翠翠岛、洪安古镇
乾州古城	吉首市区内	AAAA	胡家塘、乾州文庙、北城门
德夯苗寨	湘西花垣县	AAAAA	骆驼峰、德夯村、矮寨、观音洞、玉泉门、驷马峰
永顺县芙蓉镇（王村）	距离永顺县城51千米处	AAAA	芙蓉古镇、瀑布、土司行宫、土王桥、五里石板街、溪州铜柱

数据来源：笔者根据公开资料整理形成。

（二）芙蓉镇景区发展的 SWOT 分析

华夏集团在 2018 年入驻芙蓉镇景区之后，公司运营管理层以 SWOT 为战略分析工具，通过内部资源和外部环境的有机结合，清晰确定芙蓉镇景区的优势和劣势，了解其面临的机会与挑战，从而在战略和战术两个层面以新媒体营销策略保障芙蓉镇景区营销目标的实现，如图 3 所示。

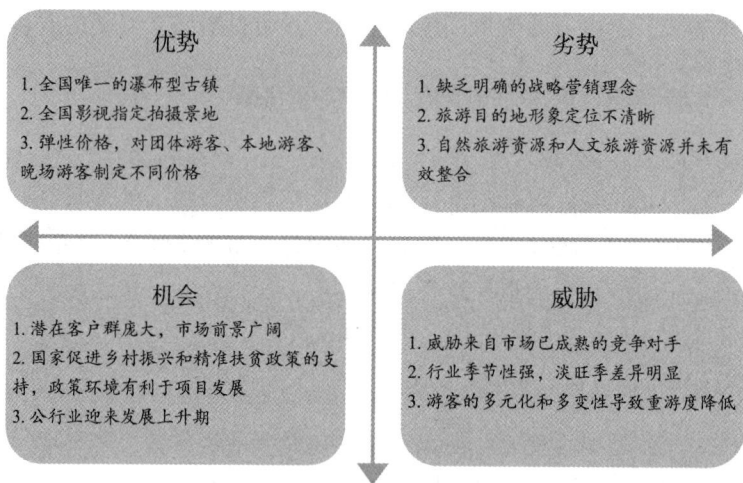

优势	劣势
1. 全国唯一的瀑布型古镇 2. 全国影视指定拍摄景地 3. 弹性价格，对团体游客、本地游客、晚场游客制定不同价格	1. 缺乏明确的战略营销理念 2. 旅游目的地形象定位不清晰 3. 自然旅游资源和人文旅游资源并未有效整合
机会	威胁
1. 潜在客户群庞大，市场前景广阔 2. 国家促进乡村振兴和精准扶贫政策的支持，政策环境有利于项目发展 3. 公行业迎来发展上升期	1. 威胁来自市场已成熟的竞争对手 2. 行业季节性强，淡旺季差异明显 3. 游客的多元化和多变性导致重游度降低

图 3　芙蓉镇景区的 SWOT 分析

通过对芙蓉镇景区的 SWOT 分析和梳理，华夏集团解决方案主要集中在以下几点：一是加强营销规划和策划，尤其注重新媒体营销策略给景区带来的流量增量；二是研发旅游核心产品，突出差异化优势；三是加强客源市场分析，针对不同的细分市场采取精准有效的新媒体营销策略；四是采取精准有效的新媒体营销传播方式，以提升景区品牌价值为核心。

（三）芙蓉镇景区的客源市场分析

为精准瞄准客源市场，华夏集团市场营销团队反复地从客源市场、目标市场和行业竞争环境三个方面细致分析，进一步明确营销的主攻方向。

1. "团＋散"客源分析

华夏集团通过景区各类游客来源类型对比分析得知，"团＋散"占据客源类型比重迅速增长。2019 年芙蓉镇团、散人次达 1075142 人次，同比增长 144.69%[1]，如图 4 所示。

---

[1]　数据来源于芙蓉镇景区内部资料。

图 4 芙蓉镇 2018—2019 年团散比

数据来源：笔者根据内部资料整理形成。

2.客源地市场分析

2019 年，芙蓉镇省外客源市场占比情况同比 2018 年下滑，全省的占比由 2018 年的 12% 增长到 2019 年的 33%。客源不明的比例由 2018 年的 0% 增长到 2019 年的 23%（客源不明是由于系统后台未标明客源地所导致）。2019 年，客源地市场开发整体呈飞速增长态势。华中、华东重点市场占比下滑，但送客量（华中 189225 人）仍占据市场首位。全国乃至境外市场全面发力，其中华南、华北、西南地区稳步增长，增幅均在 37% 以上，港澳台及境外地区同比增长 339.45%，东北地区同比增长 155.05%，如图 5、图 6 所示。

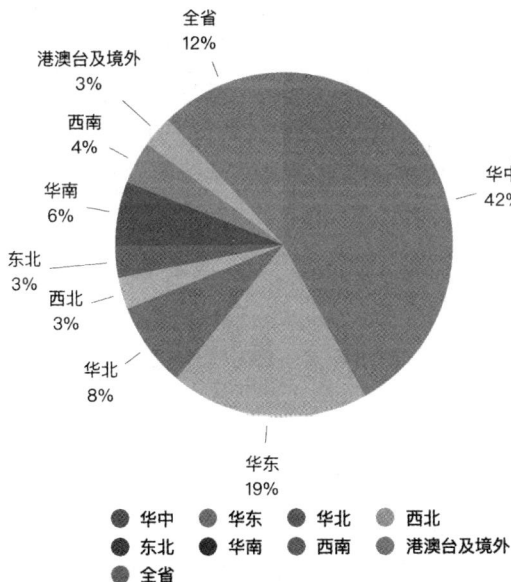

图 5 芙蓉镇 2018 年客源地市场占比

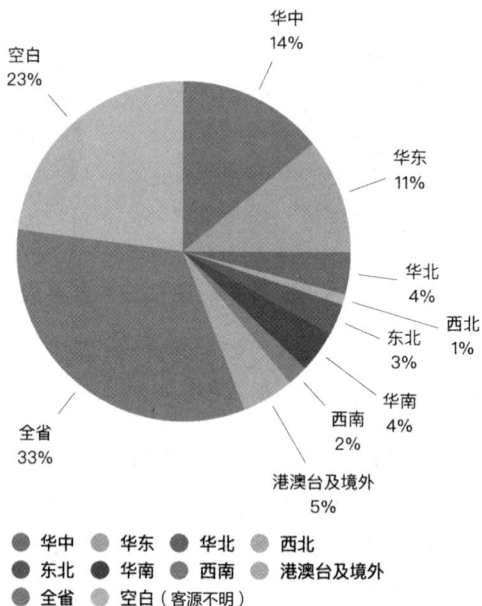

图 6　芙蓉镇 2019 年客源地市场占比

数据来源：笔者根据内部资料整理形成。

　　根据芙蓉镇客源市场的分析，华夏集团确定目标市场为以下三个方面：一是重点开发湖南省内、珠三角地区和长三角地区市场；二是以直通车形式力争覆盖芙蓉镇旅游目的地周边 500 千米范围内的城市消费群体；三是紧抓全国大散拼市场：口岸地以长沙、张家界、吉首、凤凰为主。

四、新媒体营销：单点突破、多点布局、精准传播

　　华夏集团经过大量的实地调研后，逐步形成了芙蓉镇景区的营销策略，即"单点突破、多点布局、精准传播"。

（一）单点突破：打造一款核心产品

　　单点突破就是以新媒体营销为主要传播路径，挖掘当地独特的文化资源，努力打造一款旅游爆品，塑造景区的核心吸引物。不同于传统营销的思维方式，新媒体营销的特点主要表现在以下三个方面。

1. 精准定位

针对不同特征的人群和其不同的生活轨迹,让广告精确地找到目标受众。

2. 内容为王

在新媒体平台上,广告企业对广告信息传播的控制力不断变弱,主要依靠广告自身的趣味性来进行传播。此类广告能让受众在愉快的体验中自发传播,带动品牌的传播和产品的销售。

3. 整合传播

通过多种传播方式的整合,拓宽与消费者双向沟通的路径,传递统一的产品信息,树立稳定的品牌形象,最大化地满足消费者需求,实现广告信息的有效传递。

采取新媒体营销符合当下发展之需要,然而下一个问题随之而来:用新媒体营销去推广什么产品或者服务呢?通过之前的分析对比,华夏集团发现,芙蓉镇在营销理念、形象定位、资源整合等方面都处于劣势。如何才能挖掘芙蓉镇当地独特的民族文化,结合当地的自然旅游资源,打造一款受消费者欢迎的旅游产品,成为又一个摆在决策者面前的难题。

于是一款全新的演艺产品应运而生,就是华夏集团原创文旅演艺产品——大型沉浸式实景民族风俗演艺节目《花开芙蓉·毕兹卡的狂欢》。借助芙蓉镇真实场景,以行进式、沉浸式的方式生动再现八百年历史中土司王朝的历史风云。演出将芙蓉镇景区变成互动的大舞台,游客也成为剧情不可分割的一部分。借助现代的声、光、电等高科技手段让演出形象生动地嵌入游客的观感和体验,让前来观看的游客赞不绝口。

鲜花和掌声,已经说明这款产品在旅游市场上得到了消费者空前的认可,从目前的市场反馈来看,它对提升芙蓉镇景区的品牌知名度起到了不可替代的作用。

(二)多点布局:新媒体营销平台矩阵

营销方向定了,营销产品有了,接下来就是确定营销的平台。新媒体营销平台众多,门类丰富,各自特点鲜明。为了做到精准高效且资源利用最大化,营销团队通过三步骤来确定最终的新媒体平台营销策略。

1. 摸清平台类别

先将现有新媒体营销平台进行合并归类，如图 7 所示。

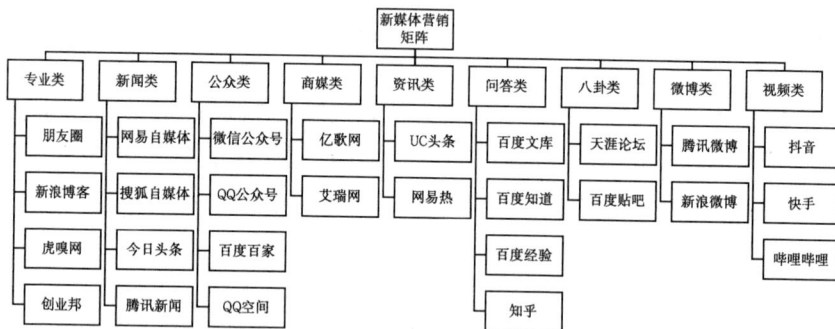

图 7　新媒体营销矩阵

资料来源：笔者整理。

2. 选择营销平台

营销策略最忌讳面面俱到、贪大求全，而应在资源有限，结合自身实际特点的前提下，选择最合适的营销平台投放资源，以期达到最佳效果。综合数据调研、同类对比、行业特性等因素，最终确定以下新媒体平台作为营销的主战场，如图 8 所示。

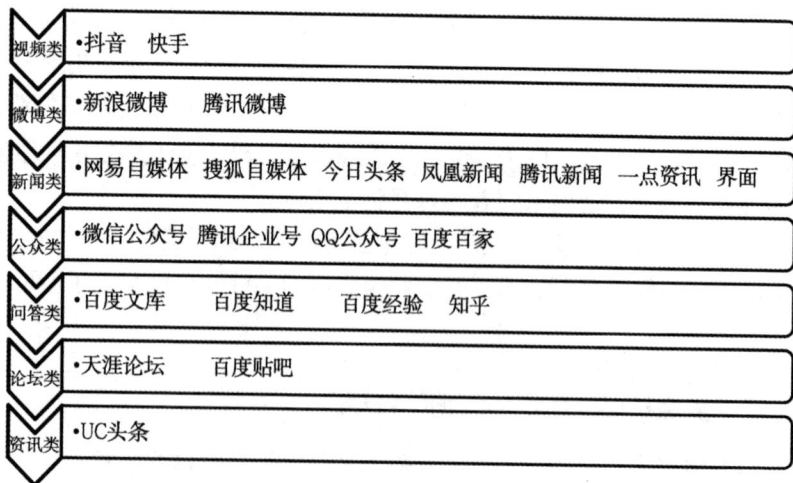

图 8　新媒体营销平台遴选

资料来源：笔者整理。

3.强推七大平台营销

第一是视频网红类平台。短视频即短片视频，是一种互联网的内容传播形式。相比传统的图文，短视频不仅具有轻量化的特点，而且信息量大、表现力强、直观性好、社交互动性高，具备了病毒式传播的潜力，大大增加了其影响力。目前，抖音、快手已经牢牢占据了短视频市场的龙头地位。借助网红经济的崛起，营销团队紧锣密鼓地采取短视频网红营销推广，迅速将芙蓉镇打造成著名的"网红打卡景点"。

第二是名人微博类平台。微博是社交的第一阵地，得益于它的开放和传播迅速的优点，所有在景区发生的新闻都会第一时间通过微博进行传播。在各类微博平台中，不论是活跃度还是用户数，新浪微博都遥遥领先。比如刘晓庆是引爆芙蓉镇的重点名人，借助于她的微博效应，快速提升景区的知名度。

第三是公众号平台。主要是微信公众号、QQ公众号等，这类平台的优势在于自主性强，垂直性强，同时具备一对一互动的特点。在同类公众号平台中首推微信公众号。为了确保公众号的信息推送量，时刻保持芙蓉镇景区热度，一方面成立A、B两个小组，分别针对新公众号和资深公众号推送不同内容的信息；另一方面拟定激励制度，对于订阅量超出标准的小组给予实时奖励。

第四是新闻类平台。如腾讯新闻、今日头条、搜狐自媒体等平台，它们是定位于个性化新闻推送的平台，这就决定了不管用户数多少，只要文章内容够优秀，那么依照它们后台的推荐算法，就会将文章推给千万的平台用户。基于此种特点，在每次芙蓉镇景区有重大活动时，营销团队会在全公司范围内征集写手，拟定初稿，并经小组反复推敲及润色后发布，争取在阅读数和转发量方面有所突破，达到迅速传播扩散的目的。

第五是问答类平台。知乎的针对性很强，关注者质量很高，只要观点好，就能收获非常多的优质粉丝，同时知乎能够方便地转发到微博及微信朋友圈，加上强大的百度收录率，非常利于传播。营销团队的具体操作策略是：将每一篇文章依照不同的主题关联热点话题，引起粉丝共鸣从而达到营销的目的。若关注度不高，会采取自问自答的方式提升话题热度，引起粉丝的注意。

第六是论坛类平台。此类网站风格清新，发表门槛低，难点在于如何获取更高的关注度。营销团队会在全公司范围内组织成立写作兴趣小组，定时约稿并付稿酬，采取集思广益的方法，提升景区的网络曝光率。

第七是资讯类平台。例如，UC 头条、网易新闻等资讯类平台，这些平台都依靠本身强大的媒体分发渠道，只要内容足够优秀，推送到终端客户将是数以千万计的用户阅读量，受众非常广泛。针对此类特点，营销团队会与媒体记者保持良好的合作关系，通过借力"外脑"达到营销推广的目的。

（三）精准传播：直播营销、植入营销、事件营销

1. 视频直播营销

2015 年以来，网上最热的新媒体无疑是网络直播。网络直播是一群人同一时间通过网络在线观察真人互动节目。如今的直播平台已经进入"随走、随看、随播"的移动视频直播时代。视频直播的突出特征表现在四个方面。第一，极强的实时互动性：企业可以根据受众的喜好和建议做出实时的反馈，使广告效应最大化。第二，获取精准用户：企业通过设定直播话题锁定忠诚用户，使广告有特定的价值，减少无效流量投入。第三，实时产生转化：直播不仅能让企业看到用户的覆盖面和粉丝的增长等数据，同时还可以实现用户边看边买，实现产品的立即销售。第四，直播平台相对传统发布会运营成本更低。正是基于对当下视频直播的深度研究和特性把握，结合芙蓉镇景区对外营销的软肋，景区营销团队采取"直播 +"的方式，一步步将芙蓉镇景区的传播推向了高潮，如图 9 所示。

2. 植入营销

植入营销是指将产品或品牌及其有代表性的视觉符号甚至服务内容策略性地融入电影、电视剧或电视节目内容中，作为演员使用的道具或通过场景的再现，让观众留下对产品及品牌的印象，继而达到营销的目的。植入营销具有的独特传播优势，能够形成强大的品牌渗透力。首先，植入营销的受众数量庞大。其次，植入营销更大的优势在于其"接触质量"，由于其出现的不规律性以及与情节的高度相关性，很少遭到受众的抵触与拒绝。最后，植入营销会对受众消费行为产生一种光晕式影响。特别在电视电影这种声像俱全的媒介中，强烈的现场感，对消费者形成一种行为示范效应，在深化品牌影响力的基础上，获得丰富的品牌联想，最终赢得广泛的认同与品牌价值的提升。正是基于对植入营销传播方式的深入透彻理解，在经过深思熟虑及对现有芙蓉镇景区的资源梳理后，华夏集团营销团队采取以下两个方面作为切入点。

直播+网红	·在网红效应下，通过直播的方式进行宣传，引流效果非常明显，吸引广大消费者成为潜在客户
直播+发布会	·在新产品推出之际，采取直播发布的形式，介绍产品的细节会比图片文字效果更好
直播+活动	·在节庆日以直播的形式推出各项优惠举措，借此提升流量，扩大品牌知名度
直播+互动	·在直播时可以弹幕形式增加消费者的参与性，并以优惠券、幸运抽奖等形式增加与主播的互动
直播+游戏	·通过游戏直播提升年轻消费者对景区的关注度
直播+电商	·采取直播带货使得消费者有更直观的感受，提升了旅游景区周边产品销量
直播+新闻	·以直播的方式报道景区发生的重大新闻事件，既满足了新闻的时效性，又能满足观众的好奇心
直播+社交	·用直播的方式聚集一群具有共同爱好的人线上互动，既能扩展社交面，又能提升品牌网络影响力

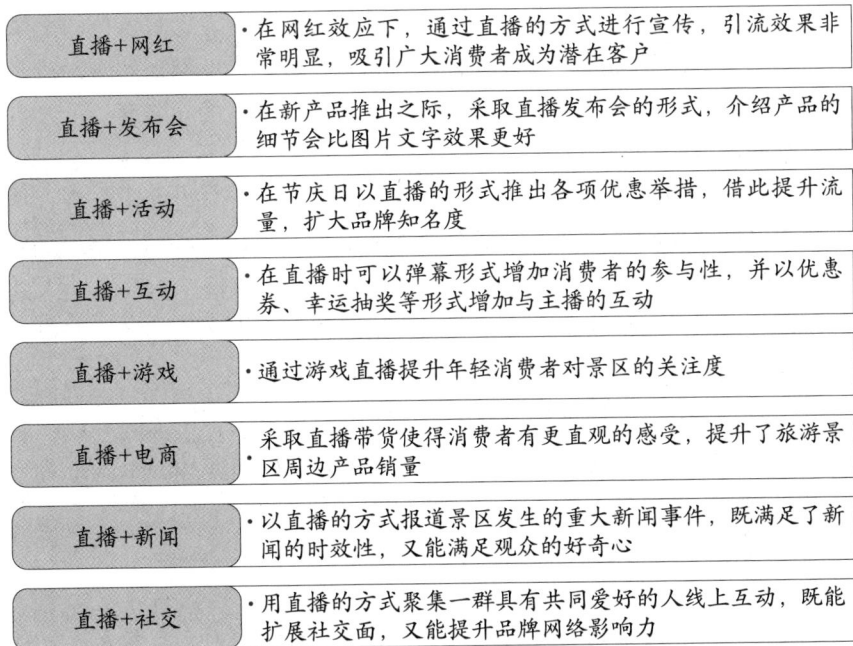

图9 "直播+"营销战略

资料来源：笔者整理。

第一是网络游戏植入。网络游戏是以 Internet 为依托，可以多人同时参与的游戏项目。互联网产业的发展拉动了网络游戏用户数量的增长，网络游戏正在受到越来越多的网络用户的青睐。

2020 年 11 月 22 日，湖南省穿越火线百城联赛湖南省赛于湘西芙蓉镇准时开战。本次百城联赛湖南省赛把重点放在"电竞 + 文旅"以及特色湘楚文化上面。以 5G 网络时代为背景，深挖芙蓉古镇的特色资源，进行持续的一系列线下场景的营销活动，扩大湘西文旅乃至湖南旅游业态的影响力。

2021 年 6 月 22 日，湖南省第十届网络文化节暨腾讯游戏《天涯明月刀》实体家园天衣别院开园仪式在湘西芙蓉镇举行。这是全国首个"天衣别院"主题家园落地旅游景区，标志着"游戏 + 文旅"融合的线上线下创新模式，在芙蓉镇这一闻名全国的网红景区得以实现。

以上是网游植入营销的典型推广活动，诸如此类的植入营销活动不胜枚举。在"00 后"一代的年轻消费者中引起了广泛关注，提升了芙蓉镇在年轻消费者心目中的知名度。

第二是网络热剧植入。芙蓉镇风景秀丽的自然景观、别具特色的土风苗韵,与网络奇幻小说的故事背景具有异曲同工之妙。借助网播热剧,植入芙蓉镇景区如梦似幻的自然风光,增加曝光度,提升景区的知名度,可以引来一波不小的流量。

2019 年与电视剧《招摇》剧组的合作便是这一合作的成功典范。2020年 1 月 28 日,电视剧《招摇》正式登陆湖南卫视,根据官方数据显示,《招摇》首播成绩达到了 0.882,可谓相当出色。剧组以芙蓉镇景区为取景地,只因芙蓉镇地貌多变,与仙侠剧所要呈现的风格独特、亦真亦幻的场景有着天然的契合度。除此之外,作为"湘西横店"的芙蓉镇也吸引了不少明星的来访,《爸爸去哪儿》《七十二层奇楼》等电视综艺节目都来芙蓉镇录制节目,一同体验千年古镇的土风苗韵。在影视娱乐圈,芙蓉镇凭借成功的植入营销一炮走红,成为热门景点之一。

3. 事件营销

事件营销是通过策划、组织和利用有价值、有影响力、有名人效应的事件,来引起媒体、社会和消费者的兴趣,促使企业或产品的形象更为出名,最终使产品或服务销售出去的方法。事件营销方式可以用较低的成本在短时间内把信息更广更优地传递出去,突发性更强,是目前较为流行的一种市场推广方式。利用芙蓉镇景区独特的土风苗韵和优越的自然景观特色,连续不断地组织各种大型活动,增加景区的曝光度,对于提升芙蓉镇的知名度和影响力起到了不可忽视的作用。现以时间为轴线梳理芙蓉镇景区近几年的大事件,如表 3 所示。

表3 2018—2021 年芙蓉镇景区大事件汇总

时间	活动主题
2018年4月	"舞动湘西·花开芙蓉"2018年"金芙蓉"杯国际广场舞大赛
2018年5月	第四届"神秘湘西"导游大赛
2018年7月	第五届湖南湘西摸泥节
2018年9月	土家族舍巴节暨湖南湘西首届"文化生态杯"民歌大会
2018年9月	湘西第一届猕月节:猕猴桃果王争霸赛
2019年5月	向往的生活3(湖南卫视热播综艺节目)

时间	活动主题
2019年8月	第六届摸泥节暨goodmoni"无差别"音乐节
2019年10月	喜迎国庆,与民同乐,欢唱新中国成立70周年国庆政企联谊会
2019年12月	华夏湘西景群文旅产品发布会暨旅行商答谢会
2020年1月	欢乐毕兹卡,非遗土家年
2020年3月	祈华夏盛世,耀璀璨芙蓉的祈福仪式
2020年4月	湘西地质公园"世界地球日"主题宣传活动
2020年6月	中宣部《走向我们的小康生活》大型主题采访活动
2020年7月	联合国新晋世界地质公园网络欢迎仪式湘西地质公园分会场庆祝活动
2020年10月	第二届"中国永顺莓茶文化节"
2020年11月	土家舍巴节暨第七届摸泥节
2020年11月	湖南省穿越火线百城联赛
2021年2月	湖南卫视《新春走基层,爱上芙蓉镇》
2021年3月	"百年风华,湖湘国潮"首届芙蓉镇国潮文旅活动周,分为两场大型文艺演出:"百年风华 千秋伟业"大型山水交响晚会 "潇湘盛景 诗画芙蓉"国潮之夜文艺晚会
2021年6月	"一水连沅湘 端午家国情"屈原祭奠大典
2021年7月	山河礼赞,盛世欢歌 开展多项活动庆祝建党一百周年
2021年9月	摸泥节文旅短视频创意大赛

资料来源:笔者整理。

从表3可以看出,营销团队以芙蓉镇景区为主舞台,围绕各种热点事件、节庆假日、传统佳节等重要时间点,不失时机地推出各种别出心裁的事件营销活动。既保持了景区的热度,也提升了景区的人气,使得芙蓉镇景区在各种热点中保持较高的曝光度,提升了景区的知名度和影响力。

五、营销效用:知名度、美誉度提升引发客流量暴涨

华夏集团营销团队通过多元化、多角度、跨界合作的新媒体营销策略,让芙蓉镇景区在旅游行业中崭露头角。

（一）知名度

知名度指一个组织被公众知晓、了解的程度，是评价组织名气大小的客观尺度，侧重于"量"的评价，即组织对社会公众影响的广度和深度。为了通过量化的数据指标来分析芙蓉镇在知名度方面的明显变化，我们选取百度指数作为参考标准。

百度指数反映的是互联网用户对关键词搜索关注程度及持续变化情况。以网民在百度的搜索量为数据基础，以关键词为统计对象，科学分析并计算出各个关键词在百度网页搜索中搜索频次的加权，如图 10 所示。

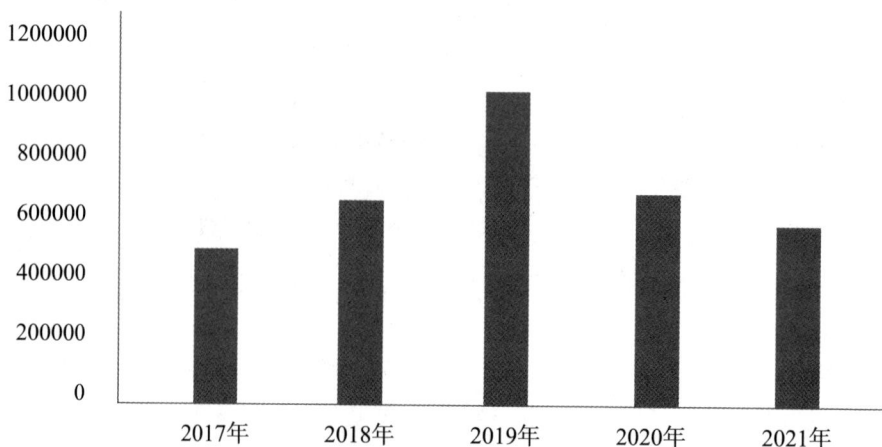

图 10　2017—2021 芙蓉镇百度指数关键词搜索趋势

数据来源：百度指数平台。

从图 10 指数变化趋势可以看出，从 2018 年开始，芙蓉镇的搜索量处于明显的上升态势，说明芙蓉镇景区在互联网的关注度和影响力持续走高。2019 年年底至 2020 年年初，数据有所回落，分析得知主要是受全国新冠疫情的影响。从 2020 年下半年开始，得益于全国疫情的有效控制，数据又恢复到接近高峰时段。说明芙蓉镇基于新媒体营销的策略收到了立竿见影的效果。新闻资讯指数反映的是互联网上对特定关键词的关注及报道程度及持续变化。从 2019 年开始，芙蓉镇受到了主流新闻媒体的持续报道，成为旅游行业内的热门报道景点之一。这说明芙蓉镇的品牌知名度和受欢迎程度得到有力的提升。

（二）美誉度

美誉度是指一个组织获得公众信任、好感、接纳和受欢迎的程度，是评价组织声誉好坏的社会指标，侧重于"质"的评价，即公众对组织的信任和赞美程度。根据 OTA（Online Travel Agent 的简称，指在线旅行社，是旅游电子商务行业的专业词语）的数据统计[1]，芙蓉镇在湖南省的旅游排行榜上位居第七，充分说明了持续几年的新媒体营销策略的成功。

（三）客流量

知名度、美誉度大幅攀升之后，引发客流量大爆发。正如上文图 1 所示，2018 年华夏集团作为新经营者进入之后，到 2019 年，芙蓉镇旅游人次突然大爆发，达到 150 万人次，比 2017 年增长了 6 倍多。2020 年虽然受到了新冠疫情影响，游客量比上年有所下降，但仍然有 136.46 万人次。到 2021 年 11 月，在新冠疫情稍稍放松的情况下，芙蓉镇旅游人次离 200 万已不远了[2]。

六、结语

本案例以湖南湘西土家族苗族自治州芙蓉镇景区为研究对象，从新媒体营销的角度研究旅游景区如何在移动互联网技术的形势下重构营销推广体系，深入剖析运营方如何利用新媒体营销的特性并结合自身特点形成独具特色的推广策略，构建结合了运营主体、消费主体和外部环境的综合性营销推广体系。研究发现在移动互联网技术快速发展的大背景下，新媒体营销对于旅游景区的传统营销形成强有力的冲击，能高效精准地把握消费者的需求，进一步丰富了新媒体营销在旅游景区营销推广中的应用和实践。

---

[1] 数据来源于携程旅行网。

[2] 数据来源于芙蓉镇景区内部资料。

案例教学使用说明

一、教学目的与用途

（1）适用课程：本案例适用于旅游管理、市场营销、新媒体运营等课程，探讨景区管理、新媒体营销等相关理论在旅游企业中的运用。

（2）适用对象：本案例主要适用于 MTA、MBA 或旅游管理类学生。

（3）教学目的：通过案例分析，学生能够对旅游企业、旅游景区的新媒体营销中常见的问题有更为深刻的认识与了解，包括优劣势对比、营销切入点、打造爆款、跨界营销合作等。有助于学生全面了解旅游景区在新媒体营销中需要考虑的问题。从而提升学生对旅游景区新媒体营销的理论认识和实践感知，也能间接激发学生对新媒体营销的思考。

二、启发思考题

（1）什么是新媒体？它包括哪些具体内容？

（2）相对于传统媒体而言，新媒体的价值体现在哪些方面？

（3）新媒体的营销方式有哪些？

（4）新媒体广告投放的主要付费模式有哪些？

（5）直播营销因有更年轻化的用户，更立体的视觉感官和更鲜明的主题，正逐渐成为企业品牌推广、带动销售的新切入点，其优势体现在哪些方面？

三、分析思路

教师可以根据教学目的灵活使用本案例，以下建议仅供参考。

（一）从景区经营者的角度讨论本案例

新媒体营销对于旅游景区经营的作用是什么？与其他行业相比，旅游景区对营销更加重视，但是面临的客观环境和主观因素更加复杂。

在这种特殊的情况下,芙蓉镇景区是如何克服营销当中面临的种种困难,一步一步打开局面的?另外,在竞争激烈的特色小镇中,芙蓉镇景区下一步如何持续发挥新媒体营销的优势,扩大既有的营销成果?

(二)从目标客户群的视角出发,探讨新媒体对旅游者决策行为的影响

新媒体的发展从根本上改变了潜在旅游者对于出行计划和旅游消费行为的决策模式,用户通过新媒体平台获得旅游目的地信息,综合考虑后利用相关信息,做出对旅游目的地的选择。各种新媒体平台和虚拟社区的涌现促使旅游者把旅游经历和体验以文字、图像、视频等形式直接呈现于网络平台上,发表有关旅游目的地和住宿状况的评论,这对旅游者旅游计划制订、旅游目的地选择、消费行为改变、旅游决策行为等具有重要的参考价值。

(三)从新媒体传播渠道的角度解析案例

目前新媒体营销的传播渠道主要集中于以下六大平台:微信平台、微博平台、问答平台(如知乎、百度问答、360问答等)、百科平台(如百度百科、360百科、互动百科等)、直播平台(如映客、花椒、一直播等)、视频平台(如抖音、快手、小红书等)(见图11)。这些平台的

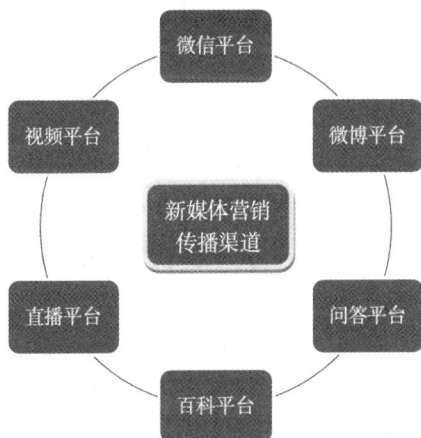

图11 新媒体营销传播渠道

传播特点是什么？如何利用其特点结合景区的实际情况，在传播中最大限度满足消费者的需求，引起消费者的共鸣，从而达到营销的目的？

四、理论依据与分析

（一）市场营销理论

市场营销理论是企业把市场营销活动作为研究对象的一门应用科学，其发展经历了不同阶段，而最具代表性的理论主要有 4P 理论、4C 理论、4R 理论和 4I 理论。以下列举四种理论的基本定义及阐释，学生可选取其中任意理论来解析本案例。

1. 4P 理论[1]

企业在市场营销策划时依据产品（Product）、价格（Price）、渠道（Place）、促销（Promotion）四大要素进行策略组合，以满足市场需求为导向的基础理论，如图 12 所示。

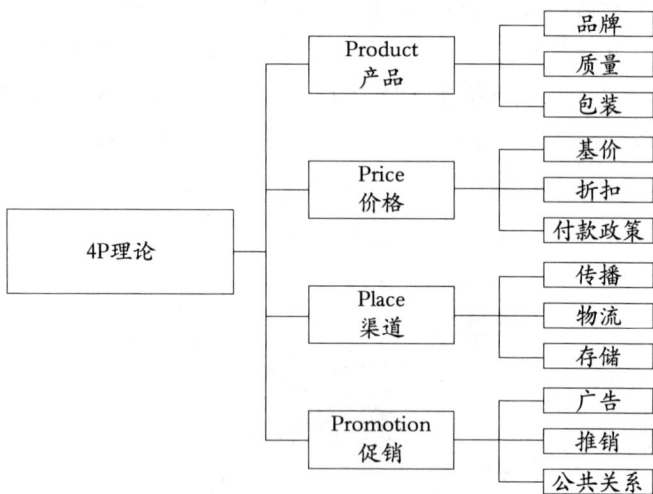

图 12　4P 理论结构

---

[1]　菲利普·科特勒，凯文·莱恩·凯勒，亚历山大·切尔内夫.营销管理 [M].陆雄文，蒋青云，赵伟韬，徐倩，许梦然，译.北京：中信出版集团，2022.

2. 4C 理论 [1]

以消费者需求为导向，重新设定了市场营销组合的四个基本要素，即顾客（Consumer）、成本（Cost）、便利（Convenience）、沟通（Communication）瞄准消费者的需求和期望，如图 13 所示。

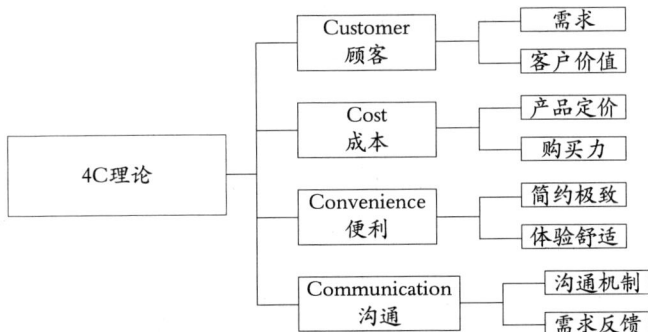

图 13　4C 理论结构

3. 4R 理论 [2]

以关系营销为核心，从关联（Relevance）、反应（Reaction）、关系（Relationship）、报酬（Reward）四个维度，注重企业和客户关系的长期互动，重在建立顾客忠诚。它既从厂商的利益出发又兼顾消费者的需求，如图 14 所示。

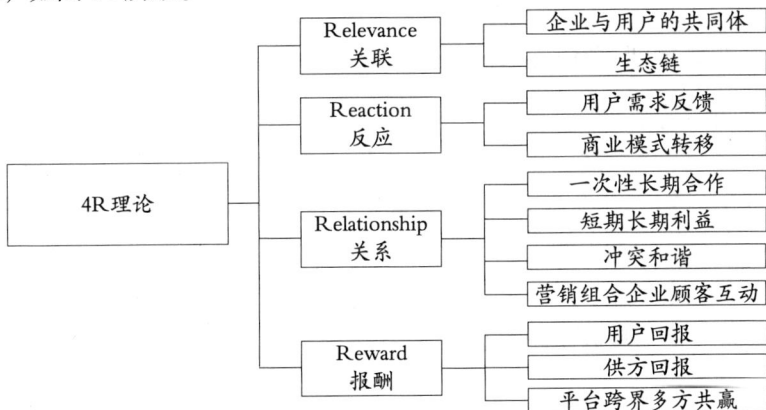

图 14　4R 理论结构

[1]　R.F.Lauterborn. New marketing litany：Four P's passe；C-words take over[J].Advertising Age，1990（10）：26.

[2]　Elliott Ettenberg. 4R 营销——颠覆 4P 的营销新论 [M]. 文武，穆蕊，蒋洁，译. 北京：企业管理出版社，2003.

4. 4I 理论 [1]

随着网络媒体的发展，信息开始过剩，按照传统的营销理论，已经很难适应新媒体的传播，把内容整合得有趣（Interesting）、给用户带来利益（Interests）、做到和用户互动（Interaction）、让用户彰显个性（Individuality），这一理念应运而生，如图 15 所示。

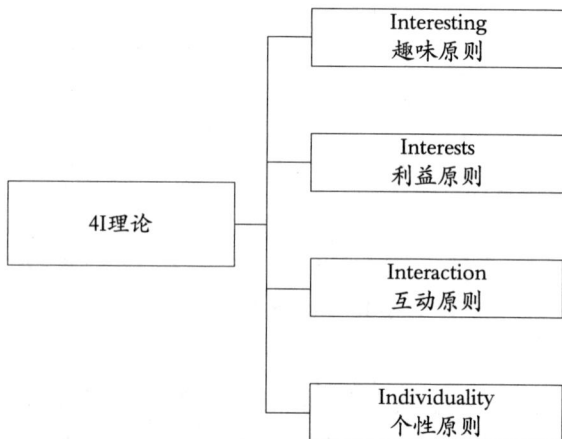

```
                        ┌─────────────────┐
                        │  Interesting    │
                    ┌───┤  趣味原则        │
                    │   └─────────────────┘
                    │   ┌─────────────────┐
                    │   │  Interests      │
                    ├───┤  利益原则        │
  ┌──────────┐      │   └─────────────────┘
  │  4I理论   ├──────┤   ┌─────────────────┐
  └──────────┘      │   │  Interaction    │
                    ├───┤  互动原则        │
                    │   └─────────────────┘
                    │   ┌─────────────────┐
                    │   │  Individuality  │
                    └───┤  个性原则        │
                        └─────────────────┘
```

图 15 4I 理论结构

（二）基于 4I 理论的案例分析

1. 趣味原则（Interesting）

互联网的本质是娱乐属性的，不论是新媒体内容运营，还是基于品牌传播的互动广告，都应追求有"趣"。传统广告追求的是创意，而在互联网时代，应该追求的是带有好玩有趣属性的创意。芙蓉镇景区在选择与网游、影视剧及综艺节目合作时，注重将旅游的趣味性与娱乐性有机结合，借此产生的"化学反应"在圈内迅速扩散，对品牌知名度的提升起到推波助澜的作用。

2. 利益原则（Interests）

营销活动如果不能为目标受众提供利益，必然寸步难行。要站在

[1] 唐·舒尔茨，海蒂·舒尔茨.整合营销传播 [M].王苗，顾洁，译.北京：清华大学出版社，2013.

用户的角度，去倾听用户的心声，再通过营销方式手法技巧等，去撩拨或激发出用户的欲望，引导用户并促使其产生更进一步的行动。芙蓉镇景区的广告语是"挂在瀑布上的千年古镇"，它带给人们的联想主要基于两点：一是独特的自然风光；二是历史悠久的民族风情。景观加人文的双重含义，既满足了人们对自然风光的无限联想，又满足了人们对于多样化民族特色的向往，可谓切中要害，让人浮想联翩，怎能不激发人们内心的萌动呢？

3. 互动原则（Interaction）

充分挖掘网络的交互性，充分利用网络的特性与消费者交流，扬长避短，让网络营销的功能发挥到极致。互动本身就是网络媒体的特色，而直播营销很好地满足了消费者的互动心理诉求。因此，芙蓉镇景区在开展任何营销活动时，都站在直播的角度，将旅游者拉入场景中，与之产生良好的互动，提升旅游者的热情，使其萌生去景区一探究竟的冲动。

4. 个性原则（Individuality）

个性化的营销，让消费者心理产生"焦点关注"的满足感，个性化营销更能投消费者所好，更容易引发互动与购买行动。音乐会、网红、打卡地等，都是年轻一代旅游者追逐的热点，芙蓉镇景区巧妙地将营销植入新媒体中，利用粉丝经济迅速传播，成为近几年热捧的旅游景点。

（三）SWOT 分析法

SWOT 分析法，又称为"态势分析法"或者"优劣势分析法"。用来确定企业自身的竞争优势、竞争劣势、机会和威胁，从而将公司的战略与公司的内部资源、外部环境有机地结合起来，是一种常用的战略规划工具。

五、背景信息

从 2018 年 8 月进驻芙蓉镇以来，湖南华夏投资集团与永顺县委、县政府精诚合作，与芙蓉镇当地群众休戚与共，形成了政府指导、政策支持、企业投资、百姓受益的良性产业链。以芙蓉镇景区为目的地，打造"旅游＋文化＋文创＋文居"的扶贫产业链，通过定位赋能、资源赋能、运营赋能，着力实现"扩容建设、业态落位和市场开拓"上的三大突破，运用"服务提质、重点项目落地、改版升级和精准转型"四大举措，全力打造芙蓉镇千年古镇品牌，使其成为一个全国乃至全世界不可多得的最富湘西奇山异水、多彩土风苗韵的度假休闲旅游目的地。

六、关键点

（1）市场营销理论；

（2）SWOT 分析法；

（3）新媒体营销理论；

（4）新媒体营销传播方式、传播渠道和各自特点。

七、教学安排建议

为了让学生成为积极主动的学习主体，掌握案例分析的思路和逻辑，并熟悉相关理论知识，建议采取体验式教学解析本案例。

结合体验式教学的四个发展阶段（亲历阶段、形成阶段、检验阶段、反思阶段），可将本案例按照以下步骤开展教学活动。

（一）社会调查与实践（课前计划）

课前要求学生模拟组建景区运营方市场营销团队若干组，依据营销团队架构和分工开展实践调查活动。各模拟团队可通过各种渠道收集景区有关材料（包括但不限于文字、视频、直播、新闻等），条件允许的前提下可安排实地考察景区，通过实践切身体会案例所处的内外环境。

（二）搜集资料，课件制作（课前计划）

每个模拟团队通过收集的资料，经内部讨论整理后撰写一份 10 页左右的 PPT 格式的新媒体营销推广计划，在上课前提交给老师。

（三）游戏模拟，角色扮演（课中计划）

首先，在条件允许的前提下按如下示意图布置课堂座位。老师模拟扮演景区运营方决策者，各模拟团队扮演市场营销推广团队及主要岗位负责人（此举让学生有身临其境的代入感）。其次，由模拟团队负责人介绍本团队人员岗位构成及各自工作分工，再讲解并分析本团队的新媒体营销推广计划（PPT 内容）。老师将各模拟团队的发言要点提炼后填到相应的栏目上。再次，待所有团队发言完毕，老师立足本案例的实践进行分析归纳，按照"去粗取精、由表及里"的思维方法，以专业理论知识为指引，将实践和理论串点成线，以线带面，最终完成整个营销体系的搭建。最后，老师可邀请景区运营方代表现场参与互动，解惑答疑，增强学生的学习兴趣。课堂座位示意图如图 16 所示。

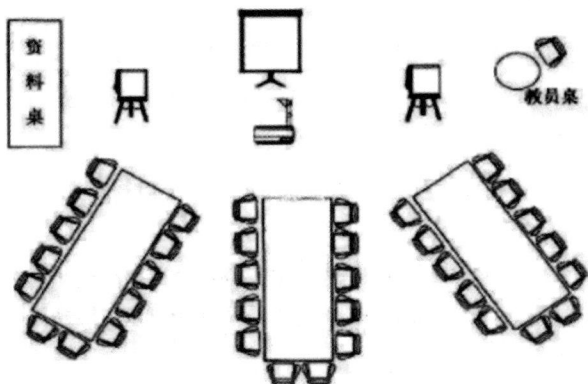

图 16　课堂座位示意

（四）实际应用（课后计划）

课堂教学完成后，要求学生用所学知识完成一份新媒体营销计划书。

参考文献

1.马冰琼.新媒体下的广西文化旅游传播——评《旅游景区新媒体营销策略：基于旅游景区与旅游者的双重视角》[J].新闻与写作，2021（6）：116.

2.汪东亮.媒介变迁视野下旅游体验分享建构目的地形象研究[J].社会科学家，2021（2）：71-76.

3.汪秀琼，梁肖梅，吴小节.中国旅游上市公司多元化并购驱动机制研究——基于模糊集的定性比较分析[J].旅游学刊，2021，36（1）：52-68.

4.朱珊珊.基于公司战略的旅游行业上市公司财务分析——以众信旅游为例[J].财会月刊，2020（S1）：128-131.

5.吴小伟，黄巧华，王李.江苏省旅游政务微信公众号平台应用与评价研究[J].地域研究与开发，2019，38（6）：85-90.

6.张大鹏，涂精华，黄鑫，等.中国旅游上市公司经营效率测度研究——兼论公司治理结构的影响效应[J].旅游科学，2019，33（5）：62-79.

7.王文婧.我国旅游上市公司成长性评价及预测[J].南京广播电视大学学报，2019（2）：70-74.

8.周永博，蔡元.从内容到叙事：旅游目的地营销传播研究[J].旅游学刊，2018，33（4）：6-9.

9.陆锋.新媒体时代的旅游目的地宣传和营销[J].旅游学刊，2018，33（4）：1-3.

10.赵丽丽，张金山.移动互联新时代的旅游目的地形象塑造[J].旅游学刊，2018，33（3）：10-12.

服务标准化管理助推张家界天门山景区高质量发展 [1]

鲁明勇　唐　婷　王亚莉 [2]

内容提要： 标准化管理，最早应用于工业，也广泛地应用于服务业特别是旅游业。本案例所研究的对象——湖南省张家界天门山景区，于 2009 年被批准为国家级景区服务标准化试点单位，是湖南省第一个景区服务标准化试点单位，并且于 2019 年获得了艾蒂亚"中国最佳旅游运营机构奖"。这一奖项代表了业界对天门山景区运营管理的高度认可。本案例从天门山景区最初的标准设定出发，分析其如何根据每个阶段的需求进行标准化体系的优化，如何从管理角度助推景区高质量发展，并总结出一套较为详细的标准化体系，为其他景区的标准化管理提供参考。

关键字： 标准化管理；天门山景区；高质量

---

[1] 本案例由吉首大学旅游学院鲁明勇教授、吉首大学研究生唐婷和王亚莉共同编写，案例资料主要来源于对企业实地调研、相关统计数据及公开信息资料。作者拥有著作权中的署名权、修改权、改编权。由于企业保密的要求，在本案例中对有关名称、数据等做了必要的掩饰性处理。本案例只供课堂讨论之用，并无意暗示或说明某种管理行为是否有效。

[2] 作者简介：鲁明勇（1969—），男，苗族，湖南古丈人，吉首大学教授、硕士生导师，湘西自治州人民政府智库专家，张家界市旅游特派专家；研究方向为旅游管理、区域发展与管理。唐婷（1987—），女，四川射洪人，吉首大学硕士；研究方向为旅游管理。王亚莉（1993—），女，陕西渭南人，吉首大学硕士研究生；研究方向为区域旅游。

一、引言

飞机穿越的天门洞，连接城市、乡村和山顶的世界最长的高空索道，"堪称天下公路第一奇观"的通天大道以及充满神秘传说的"鬼谷显影""天门翻水"的故事……这一个个奇异独特的自然景观、拥有"世界之最"的景区设施和难以忘怀的民间传说、宗教文化，勾起了无数人对天门山的向往。天门山景区从开业之初年接待游客 4 万人次到 2019 年年接待游客 470 万人次（数据来源于天门山景区内部资料），接待人数稳居全国山岳型景区前列。那么在这 15 年时间里，天门山景区除了在品牌营销上频频博得众人的眼球外，景区内部的管理是如何跟上发展的步伐呢？

二、新生景区的尝试：标准化体系1.0版初步建立

2005 年 9 月 6 日，随着索道的开通运行，天门山景区正式开门纳客。开业之时，景区品牌知名度低，游客量少，每天入园游客人数还不及当天景区工作人员数量。此时，最为焦虑的莫过于董事长张同生了，两大问题摆在了他的面前：第一，天门山景区地势险峻、开发难度大且没有任何基础设施，公司已投入 5 亿元用于景区建设，因此如何快速提高知名度，增加游客人数成为重中之重；第二，自己拥有丰富的房地产开发和管理经验，但对于旅游景区的管理还从未涉及，快速掌握旅游景区的管理方法也成为当务之急。

在困难面前，张同生选择了面对。他首先带领团队分析天门山景区在市场中的优劣势。当时，张家界国家森林公园在张家界旅游市场中处于强势主导地位。张家界国家森林公园不仅是我国第一个国家森林公园，也因其独特的地形地貌被列入《世界自然遗产名录》，入选世界地质公园。相比之下，天门山景区自然资源缺乏特点和稀缺性、品牌知名度低且门票价格高，与张家界国家森林公园难以形成差异化的市场。管理团队意识到天门山景区的发展需要张家界国家森林公园的带动，于是避开了和张家界国家森林公园在自然资源上的正面"碰撞"，而是强化自己的人工设施和人文内涵，借助"飞机穿越天门洞"这一轰动性事件，不断策划刺激、吸引眼球的宣传活动，梳理自身的卖点，提炼自然和人文资源特点树立旅游形象地位。

在景区内部管理上，团队也在不断思考员工如何管理，服务质量如何提升，景区运营如何更加规范。在过去房地产开发的经验中，混凝土预制桩位

的大小及偏差、钢筋的品种和规格以及施工人员的顺序都有非常准确和严格的标准，那么在景区管理中是否也能形成一套规范、简洁的管理体系呢？

虽然管理团队具备了标准化管理的意识，但是要形成一套旅游景区标准化管理体系并不是一件容易的事情。事情的转机发生在2009年，经过五年时间的运营，天门山景区已在内部管理上形成基本的规范，这一年天门山景区被推荐申报国家级旅游服务标准化试点单位。2009年7月获得国家标准委正式批准，2009年11月湖南省人民政府颁发了国家级旅游服务试点单位标牌，天门山荣幸成为当年全省3个国家级服务标准化试点单位之一，并且是当时省内唯一的国家级景区服务标准化试点单位。管理团队兴奋不已，大家意识到困扰景区的问题可以借此机会解决，因为此时不仅有自身的力量，还有政府相关部门的指导和帮助，可以让景区少走弯路，走出迷茫的困境。

首先，景区成立了标准化工作领导小组，由总经理担任领导小组组长，各部门分管副总担任副组长，组织标准化工作骨干围绕标准体系进行学习，学习旅游服务标准体系中的各项国家标准、行业标准和地方标准。"干中学，学中干，边干边学"，提高其编写标准、实施标准、评价和改进标准的工作能力，使标准化骨干队伍能够快速成长。

其次，景区先后多次组织参加国家标准委培训，邀请市质监局相关专家来公司专题讲解服务标准化知识，提高景区领导班子对服务标准化战略意义的认识和对标准化的理解。除了"请进来"，景区也坚持"走出去"。在张家界市质监局组织下，景区管理团队成员先后赴山东泰山景区管委会、青岛海尔物流及中储物流等标准化先进单位考察学习，参加了国家标准化管理委员会在深圳组织的"服务业组织标准化工作培训班"，国家标准化协会在黄山市举行的"国家旅游服务标准化试点示范单位经验交流会"和湖南省质监局在长沙举办的"标准化良好行为经验交流和培训班"等多次标准化知识讲座和学习，提高了景区核心团队成员对服务标准化战略意义的认识和对标准化的理解，实现企业外延与内涵相结合的科学化发展。

通过建立健全服务标准化机构和"请进来，走出去"相结合的学习方式，天门山景区搜集了国家、地方、行业标准100余个，编写企业标准120余个，形成了服务通用基础标准体系、服务保障标准体系、服务提供标准体系三大子体系，涉及游览、餐饮、购物、交通四大旅游要素，标准覆盖率达90%。如图1和表1所示。

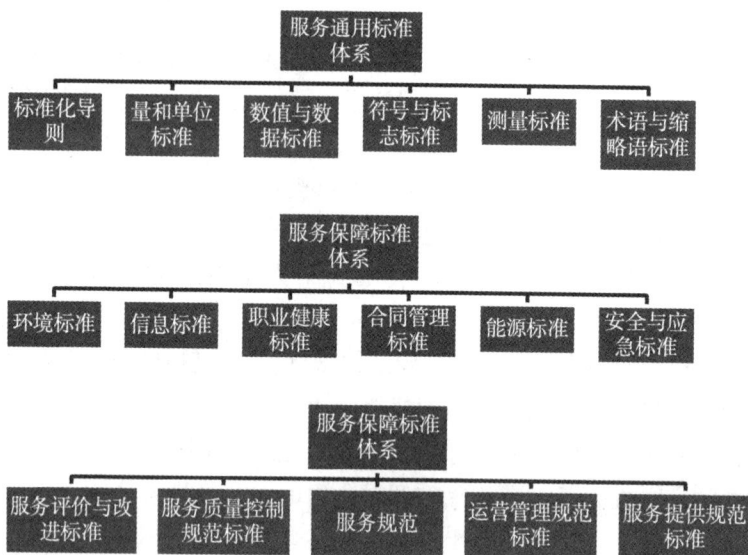

图 1　天门山景区服务标准体系

表 1　天门山景区部分服务提供标准内容

序号	体系代号	体系内标准代号	标准名称
1	TG301.01	Q/TMS301.01—2011	服务礼仪要求
2	TG301.02	Q/TMS301.02—2011	售票服务要求
3	TG301.03	Q/TMS301.03—2011	检票服务要求
4	TG301.04	Q/TMS301.04—2011	索道站台服务要求
5	TG301.05	Q/TMS301.05—2011	景区讲解员服务要求
6	TG301.06	Q/TMS301.06—2011	客服中心服务要求
7	TG301.07	Q/TMS301.07—2011	景区医务服务要求
8	TG301.08	Q/TMS301.08—2011	景区保洁服务要求
9	TG301.09	Q/TMS301.09—2011	客运索道服务要求
10	TG301.10	Q/TMS301.10—2011	环保车客运服务要求
11	TG301.11	Q/TMS301.11—2011	商业零售服务要求
12	TG301.12	Q/TMS301.12—2011	景区餐厅服务要求
13	TG301.13	Q/TMS301.13—2011	景区快餐服务要求

资料来源：天门山景区内部资料。

通过服务标准的制定与实施,全体员工能按照要求完成基本的接待工作,景区也形成了一套规范的标准化体系。此时,随着翼装飞行等大型活动的举办,天门山景区开始在各类媒体中频频亮相,但天门山景区"成长的烦恼"即将到来。

三、成长景区的优化:以关键时刻为导向的标准体系2.0版

时间来到 2015 年,天门山景区游客人数出现了第一次大规模的增长,游客人数首次突破了 200 万。但随之而来的是景区管理中的众多问题开始暴露。第一,景区门票"一票难求",门口"黄牛"倒票的现象难以禁止;第二,游客"上山难、下山难",2015 年五一假期,游客在景区下站广场排队长达 8 小时,上山还未能游览就又需要开始排队下山;第三,随着游客的增多,景区的环境卫生也得不到保证,垃圾未能得到及时的清理;第四,服务工作中,员工手忙脚乱,游客的投诉增多,在湖南省旅游局通报的投诉情况中,天门山景区成为"重灾区";第五,和导游的关系僵化,导游提起天门山景区几乎没有正面评价;第六,各部门不断提出人手不足,员工人数不断增加,景区管理成本提升。此时的天门山景区已经成为"跛子将军",市场营销如火如荼,游客人数大规模增长,景区收益节节高升,但是景区内部的管理却无法跟上,这一问题让管理团队一半欢喜一半忧愁。

面对这些问题,各分管副总分外着急,他们亲自前往一线指挥员工工作。暑假旺季时,副总们需要六点到达景区现场,往往到晚上十点才能结束工作。一线的工作虽然能让副总们快速解决问题,但是却无法抽身思考景区的全局发展。

此时,景区也面临新老董事长工作接替。新任董事长张伟作为"70 后",有着海外工作和学习的经历,管理方式上更讲究效率和创新。张伟意识到景区目前的问题出现在内部流程和管理上,决定引进外部的力量来帮助解决这些问题。

2016 年 5 月起,天门山景区与北京洛桑管理咨询有限公司(以下简称"洛桑公司")达成了合作意向,其中标准化体系的优化是整个项目的核心板块。通过洛桑公司和管理团队的沟通、景区现场的调查走访以及和各部门核心员工的座谈,双方明确了目标:帮助团队进行知识更新和业务提升以应对更为复杂的工作内容,形成一套具有可复制性的标准化管理体系,打造一个有生

命力的天门山品牌。

为了达成上述目标，洛桑公司决定先从知识更新和形成一套具有可复制性的标准化管理体系入手。在随后的学习中，洛桑公司向管理团队输出了"MOT 关键时刻"的概念，即员工和景区资源在与游客接触的过程中每个时刻都是"关键时刻"。因此进行"关键时刻"的管理是提高员工服务质量的重要方法。那么游客在景区中的哪些时刻为"关键时刻"呢？

（一）以游客行动轨迹进行"关键时刻"划分

首先，根据景区的设施并观察游客的行走路线，游客的行动轨迹大致分为 15 个部分，即"关注景区—咨询—预约—广场服务—购票—排队—检票—

游客体验地图及关键时刻的标准

1 关注	2 咨询	3 预约	4 广场服务	5 购票	6 排队	7 检票	8 站台服务
市场：网站、官网；平面广告及宣传视频；新闻；宣传品	**通用**：仪容仪表；**市场**：网站、官微、电话；**客服**：接听电话	**通用**：仪容仪表；**市场**：团队、散客、网络票、门票预定；**信息**：官方网站、微信预定、OTA平台预定	**通用**：仪容仪表；**保洁**：现场咨询环境卫生、广播、LED显示；**信息**：行李寄存设施、喷雾降温设施、自动售货机；**商业**：小卖部；**工程**：绿化、基础设施；**安保**：事故处理、收费服务、车辆安全、游客咨询引导停车、交通秩序；**客服**：行李寄存、现场咨询物品遗留公告信息001、指示牌	**通用**：仪容仪表；**保洁**：现场咨询环境卫生；**信息**：询问方案、卖票、自动机取票、电子门票分时系统、电子门票实名制；**安保**：购票秩序；**客服**：特殊人群的服务1；**市场**：公告信息002	**通用**：仪容仪表；**保洁**：现场咨询环境卫生；**信息**：语音喊话电视播放、分时验票秩序推护；**安保**：纠纷处理、特殊游客；**工程**：设施；**检票**：分时段检票、秩序维护；**市场**：导引指示	**通用**：仪容仪表；**保洁**：检票、咨询；**信息**：检票刷卡；**安保**：核实证件、维持秩序；**客服**：特殊人群的服务2；**检票**：检票、秩序维护	**通用**：仪容仪表；**保洁**：现场咨询环境卫生；**公路客运部665站务**：调度、询问、安全提示、环境卫生、排队秩序、人性化服务；**大索道站务**：咨询、引导、安全提示、环境卫生；**吊椅索道部**：咨询、引导、安全提示

9 交通体验	10 游览景区	11 餐饮服务	12 购物	13 返程验票	14 客户留言	15 客户投诉
通用：仪容仪表；**保洁**：现场咨询环境卫生；**大索道**：安全快捷舒适；**公路客运**：安全提示、安全行车卫生舒适、失物招领；**信息**：智能广播/提示；**吊椅索道部**：安全快捷咨询；**市场**：播音岗、车载视频扶梯门岗	**通用**：仪容仪表；**保洁**：讲解服务；**安保**：游览秩序、游客救助；**工程**：水电设施、文明施工、玻璃栈道；**商业**：拍照、点歌服务、上香、盆栽、LED景区；**信息**：智能导览、WIFI、景区讲询、导览指引	**通用**：仪容仪表；**保洁**：现场咨询环境卫生；**餐饮**：食品安全、加工制作、服务要求	**通用**：仪容仪表；**保洁**：现场咨询环境卫生；**信息**：自动售货机、收银系统	**通用**：仪容仪表；**保洁**：现场咨询环境卫生；**检票**：检票；**安保**：下山排队、预约下山秩序维护；**客服**：特殊情况处理3	**通用**：仪容仪表；**客服**：满意度调查；**信息**：网络反馈、旅行社意见反馈	**通用**：仪容仪表；**客服**：圆满解决（游客、导游）；**市场**：圆满解决（旅行社、行政单位）；**行政办公室**：游客意外伤害处理

图 2　天门山景区标准化体系（2.0）版框架

资料来源：天门山景区内部资料。

站台服务—交通体验—游览景区—餐饮服务—购物—返程验票—客户留言—客户投诉"。其次，进一步观察和总结每个部门涉及的环节以及确定该部门在此环节中涉及的工作内容。最后，各部门书写所涉及工作内容的标准与程序，形成天门山景区的标准化体系，如图2和图3所示。

天门山旅游股份有限公司	标准与程序
职位：售票员	
部门：售票部	部门经理：　王琦
总经理批准：	日期：2017年5月10日
任务：售票	序号：售票部—购票—售票

标准：熟练掌握业务流程和要求，快速、准确地为客人提供售票服务。

程序：

一、散客出票

1. 主动问候客人并微笑服务。

2. 提醒客人出示本人的身份证。

3. 如果客人未带身份证引导客人录入指纹出票。

4. 向客人解释景区的票价，并提醒客人出示优惠证件。

5. 景区目前实行分时间段售检票，询问客人需要买什么时间段的票。

6. 根据客人提供的身份证为其出票，并仔细检查优惠证件。

7. 如果证件有疑问向客人提出来，并耐心解释不能优惠的原因。

8. 售票时唱收唱付，找出的零钱放到客人手中。

9. 出完票后再次和客人核实票数票种。

10. 按票种分别给到客人手中，并提醒要保管好还要二次检票。

11. 向客人指明排队区的方向。

二、团队出票

1. 主动问候客人并微笑服务。

2. 提醒导游出示行程单。

3. 进入行程单扫描系统仔细核对导游信息和游客信息，如果信息有问题向导游及时提出。

4. 如果行程单过期或作废告诉导游不能购买团队票。

5. 询问导游是否已经预约，如果有请出示预约单号。

6. 和导游核对预约信息，提醒导游根据预约的时间去检票。

7. 出完票后点清票数分好票种，待导游签完回执单后把门票和红联一起递给导游。

8. 向导游指明排队区。

图3　天门山景区售票部售票的标准与程序

（二）确定"仪容仪表"为景区的通用标准

在员工中选取代表作为模特拍摄公司统一的仪容仪表标准图，从工装穿着、首饰佩戴、文明用语等方面确定统一的标准（见图4）。

图4 天门山景区仪容仪表规范及关爱服务承诺

资料来源：天门山景区内部资料。

（三）执行标准体系 2.0 版的具体措施

为了让全体员工更好地了解和执行新的标准化体系，天门山景区还采取了以下措施。

1. 标准手册

将景区的产品知识制作成《张家界天门山旅游股份有限公司员工应知应会手册》，确保员工人手一份，以便员工随时学习服务规范和产品知识。通过知识考试、抢答赛、评选"服务之星"等活动，让员工在标准化的学习过程中不会感受到枯燥，从被动学习到主动参与（见图5）。

图5　天门山景区《员工应知应会手册》

（注：图为笔者手机拍摄，拍摄地点为天门山景区，拍摄获得景区工作人员的许可。）

2.技能清单

将各个岗位的工作流程和标准制作成技能清单，每一位新入职的员工均在部门指定的人员带领下学习清单上的各项内容。这种"一对一"的学习模式，使新员工立刻掌握标准的要领（见图6）。

3.标准培训

景区内部建立了专业的培训师队伍，为标准化的培训与宣贯提供了专业的师资力量，使一线服务人员培训率达到100%，各部门可灵活安排学习时间，不必由景区统一安排。

检票部新员工入职培训清单

新员工姓名：　　　　　　　　　　　　　　　　**岗位：**
部门：　　　　　　　　　　　　　　　　　　　**分部门：**
主管：　　　　　　　　　　　　　　　　　　　**入职日期：**

内容	课时	考核成绩		新员工签名	培训员签名	备注
		合格	不合格			
I 介绍						
1.部门介绍						
2.组织架构介绍						
3.同事介绍						
4 部门各个检票点工作环境介绍						
5.各个检票点的工作时间介绍						
6.岗位职责						
7.仪容仪表标准						
II 营业前准备						
1.上岗前的检票准备工作						
2.下班前检票的结尾工作						
III 工作和服务程序						
1.问询服务的标准和流程						
2.为客人提供方案的标准和流程						
3.检票的标准和流程						
4.特殊人群的服务接待						
5.各种优惠证件的查验方法						
6.如何检验免票						
7.检票口补票流程						
IV《天门山关爱服务之道》学习						
1.微笑与问候						
2.交谈与倾听						
3.回答与预计						
4.圆满地解决						
V 设施设备						
1.检票闸机的使用						
2.如何正确地操作电脑						
3.如何开关广告机						
4.如何正确使用验钞机						
5.如何正确使用对讲机						
VI 知识与技巧						
1.优惠证件的识别						
2.外语的基本交流						
3.真假钞识别						

准备人：　　　　　　　　　　　　　　**部门副总/经理批准：** _____

注：部门根据此表对新员工进行试用期内的培训和考核，试用期结束前，此表须连同员工试用期转正表
一并呈交人力资源部，作为审核可否予以转正的依据。

图6 天门山景区检票部新员工培训清单

资料来源：天门山景区内部资料。

4. 标准监督

景区采取多方位的监督体系，如景区内部成立了质量监督小组，每日需依照标准化体系的标准对景区进行质检，发现问题立即与相应部门沟通，要求部门立即整改。若当日不能完成整改的，将持续跟踪，并于每周形成质检报告，汇报至副总、总经理。建立"神秘客户"抽查小组，小组成员来自景区、酒店、旅游行业经验较丰富的管理人员，他们不定期抽查，发现问题会立即提出，并且他们给予各部门的评分将成为每位员工当月绩效评分的重要来源。此举不仅公平、公正地反映了标准化执行情况，也使每位员工深刻认识到标准化的执行情况和自己是有密切联系的。客服中心每日抽取一定数量的游客进行游客满意度调查，收集游客意见并定期做游客访谈，让每一位游客成为景区标准化执行最有力的监督者。

在以"关键时刻"为导向的标准化体系（2.0版）的实施中，天门山景区游客人数不断增长，2018年游客人数首次突破400万人次，位于全国山岳型景区前列。天门山景区内部管理存在的问题也迅速得以改善，游客满意度达到95%以上，实现了内部管理和市场营销齐头并进，为景区的下一步发展打下了良好的基础（见图7）。

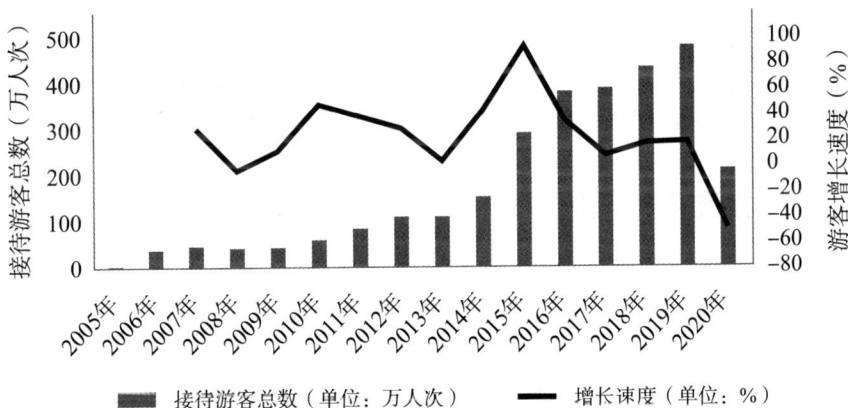

图7　2005—2020年天门山景区接待游客人数及游客增长速度

资料来源：天门山景区内部资料。

四、未来景区的引领: 以游客体验为导向的标准体系3.0版

2019 年年底到来的新冠疫情，给旅游行业按下了"暂停键"。因为出入境的政策限制和疫情防控的政策影响，大型活动赛事无法举办，天门山景区已连续举办八届的翼装飞行大赛也因此而中断。在品牌宣传受到影响的情况下，游客的体验和口碑变得日益重要。

2021 年，文化和旅游部发布了《关于加强旅游服务质量监管提升旅游服务质量的指导意见》（文旅市场发〔2021〕50 号）。该文件指出旅游企业作为旅游服务质量提升的主体，应健全质量管理体系，创新旅游质量管理模式，增强旅游服务体验。随着旅游行业的竞争日益激烈，服务质量成为旅游企业取胜的"法宝"。

虽然以"关键时刻"为导向的标准化体系（2.0 版）也是以游客体验为重要的衡量指标，但是 3.0 版本更多地强调了景区工作人员的服务态度和服务行为。从产生游览动机到现场游览，再到游览反馈，游客接触到了景区的设施、logo 标识等（称之为"物理触点"），也接触到了景区的宣传广告、其他游客的评价等（称之为"数字触点"），还接触到景区的工作人员（称之为"人际触点"）。因此景区的管理不仅要管理好人员，还要管理好设施设备，数字化时代更要管理好数字媒介（见图 8）。

目前，天门山景区正在以游客体验为导向优化标准体系，计划以"游前、游中、游后"三个部分，按照物理触点、数字触点和人际触点进行分类管理，将人员、设施设备和数字媒介进行有效整合，更好地应对未来的挑战。

五、标准化管理体系对于天门山景区的价值

标准化的管理体系帮助天门山景区形成了一套成熟的运营标准，提升了游客的满意度，助推了景区的高质量发展。对企业经营者来说，成熟的标准化管理体系还可以大大节约企业的管理成本。

（一）标准化管理提升了游客的满意度

在标准化管理体系的帮助下，天门山景区已从游客吐槽的"重灾区"转变成行业内学习的典范，游客满意度达 95% 以上，游客投诉改进率达 98%。在众多在线网站中，天门山景区也深受游客的好评。

游客体验旅程地图

阶段	行前（间接感知形象）															
用户行为	产生需求						收集信息确认需求				挑选商品		购买决策			
	1.看旅行的冲动、足够的金钱、额外的假期	2.亲朋好友的推荐	3.广告宣传（媒体、官网、公众号、微博、微信、小红书、抖音等）	4.景区OTA平台特价活动	5.出行的动机（审美/娱乐/教育移情/逃避）	6.出行同伴的选择	1.浏览目的地信息，了解特色景点	2.大致规划行程：交通、线路等信息	3.联系去过的朋友或浏览游记评论等	4.预算出行的大致花费	1.全网筛选比价，确定预订平台	2.确定最佳目的地方、跟团/自由行	1.确定出游时间	2.预订门票、酒店、交通等	3.购买旅行必需品	4.查询天气
活动过程																
已提供服务接触点　物理			新闻采编　广告发布　活动宣传	线下促销活动										线下渠道		
人际			企划员工　信息技术员工　电子商务员工　线上宣传				企划员工　信息技术员工　电子商务员工						电子商务员工　信息技术员工　市场部员工			
数字							官网　官方公众号　官方微博　官方抖音						线上渠道　售检票系统			

图8　游客为导向的标准化体系（3.0版）（以游前阶段为例）

资料来源：笔者根据内部资料整理而成。

（二）标准化管理节约了企业管理成本

以天门山景区保洁部为例，通过标准化的人员配比，减少了保洁员人数，降低了人力成本。天门山景区清洁区域类型众多，大致分为游道、停车场、广场、卫生间、室内区域五种类型。在游道人员配备方面，以张家界市环保工人的清扫面积为参考对象，按 800 米配置 1 人的标准；对于停车场、广场和室内区域，参考了物业公司保洁人员的配比，停车场按 15000 平方米 1 人，广场按 10000 平方米 1 人，室内区域按 800 平方米 1 人；卫生间配备人数则按 1：1 的标准配备。通过数据的测算和试运营，天门山景区旺季保洁人员数量从 77 人减少至 70 人，每年节约人力成本 20 余万元。但人数的减少并未降低保洁部的服务质量，2019 年，保洁部因其工作标准制度化、服务工作个性化被评选为第二届湖南省旅游行业服务示范岗。

（三）标准化管理助推景区高质量发展

通过标准化管理体系，天门山景区在过去的十五年间不断调整经营战略，采取科学有效的管理，提高员工的职业素养，形成了自己的品牌优势。在 2020 年 5A 级景区影响力百强榜单（2021 年 7 月 6 日由迈点研究院发布）中，天门山景区在第 61 位。

标准化管理体系是企业发展的必然产物，也是企业生命力长久不衰的关键。天门山景区在发展的过程中已深刻感受到标准化管理的重要性，对于未来的体系优化也有了较为清晰的方向。天门山景区将以浮舟沧海，立马昆仑之势再次出征，不断调整标准化管理体系适应行业发展的最新趋势，从游客体验的角度出发，不断提升景区的综合实力，为中外游客提供更优质的旅游产品和服务，力争成为湖南旅游的一张闪亮"名片"！

案例教学使用说明

一、教学目的与用途

（1）适用课程：本案例适用于旅游管理课程。

（2）适用对象：本案例的教学对象是 MTA 课程学员。

（3）教学目的：使案例使用者对旅游企业标准化管理体系的实施和优化进行深入思考，促使案例使用者明白企业的标准化管理并不是一成不变的，而应根据企业的发展需求和行业的发展趋势随时进行调整。

二、启发思考题

（1）服务行业中个性化服务和标准化管理是否冲突？为什么？

（2）结合案例内容，您对天门山景区以游客体验为导向的标准化体系（3.0 版）的实施有什么具体的建议和想法？

（3）请找一家景区，调研其标准化管理的实施情况并根据其情况提出合理的建议。

三、分析思路

教师根据自己的教学目的灵活使用本案例。案例中涉及的问题多数是开放性的，这里仅提供案例相关问题的参考分析思路。首先，介绍国内标准化管理的现状，特别是服务业标准化管理的现状，从而引出标准化管理的重要性。其次，可详细介绍标准化管理的概念、特点、目的和意义。最后，结合本案例，天门山景区的标准化体系设立和优化均是出于行业和企业发展的需求，可以引导学生对企业标准化战略的研究。

四、理论依据与分析

（一）标准化

1961 年国际标准化组织标准化原理研究常设委员会通过的第二号指南对标准化进行定义：标准化是为了有关方面的利益，特别是为了促进最佳的全面经济并适当考虑到产品使用条件与安全要求，在所有有关方面的协作下，进行有秩序的特定活动所制定并实施各项规则的过程。中国将标准化定义为：为了在一定范围内获得最佳秩序，对潜在问题或现实问题制定重复使用和共同使用的条款的活动。

随着标准化渗透于社会各个领域，不断地促进企业技术进步、产品质量提高、成本节约、经济效益增加等，指导企业各项活动有序进行，标准化在企业创造价值中发挥着越来越重要的作用，对企业的竞争战略层面具有非常重要的意义：标准构成企业进入壁垒的一部分；掌握标准使企业成为行业规则的制定者；通过标准可以有效建立企业战略联盟；加强标准化能够大大促进企业实施自主创新战略。标准化管理已成为企业提升管理水平的两大车轮之一，是企业追求效率、减少差错的重要手段。

（二）关键时刻

1984 年瑞典学者理查德·诺曼（Richard Normann）将"关键时刻"一词引入服务质量管理理论[1]，诺曼认为顾客心中的服务质量是由关键时刻的相互影响来定义的。北欧航空公司前总裁詹·卡尔森对"关键时刻"进行了更深刻的解读。他认为，关键时刻就是顾客与北欧航空公司的职员面对面相互交流的时刻，将其放大，就是指客户与企业的各种资源发生接触的那一刻。这个时刻决定了企业未来的成败。卡尔森在 1981 年进入北欧航空公司担任总裁的时候，该公司已连续亏损且金额庞大，然而不到一年时间卡尔森就使公司扭亏为盈。这样的业绩完全得益于北欧航空公司员工认识到：在一年中，与每一位乘客的接触，包含了上千万个"MOT"，如果每一个 MOT 都是正面的，那么客户就会更加忠诚，为企业创造源源不断的利润。

（三）游客体验

游客体验的本质是游客的内心活动，是对旅游过程中各种场景的心理反馈。首先，游客的心理反馈并不是来到景区才发生的，游客体验从旅游者发生具体行为前就已开始，如景区的品牌宣传、网络评价、他人的出行攻略或者游客的出游动机与期望等就已经开始影响游客的体验了；其次，游客在旅游景区中的实际感受、巅峰时刻和谷底时刻的比例等形成了体验的好坏；最后，游客离开景区后，旅游景区是否与游客建立长远、稳固的关系也是形成良好游客体验的重要因素。

---

[1] Normann R. Service Management: Strategy and Leadership in Service Business [M]. London：Wiley, 1984.

五、背景信息

2019年，我国标准体系结构不断完善。政府主导制定的标准持续瘦身，强制性标准整合精简300余项，推荐性标准持续优化，行业标准、地方标准分别废止2665项、5411项。我国市场自主制定的标准活力不断释放，团体标准发布数同比增加63.5%，企业自我声明公开标准数同比增加9.8%。政府主导制定的标准和市场自主制定的标准相互补充、相得益彰，标准供给日益多元化。

（一）国家标准

2019年批准发布国家标准2021项，按照标准性质划分，其中强制性标准106项，推荐性标准1915项；按照标准制修订划分，其中制定1448项，修订573项。2019年研制、复制国家标准样品211项，其中，研制143项，复制68项。与2018年相比，2019年度标准批准发布量减少636项，研制、复制国家标准样品增加120项，对比情况如图9所示。

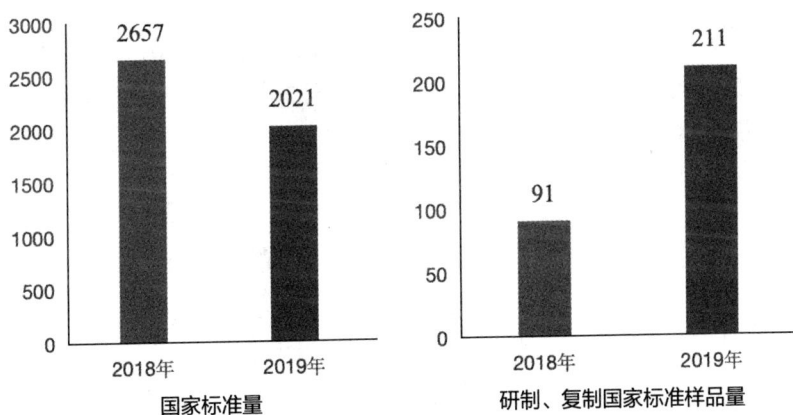

图9　2018年与2019年批准发布国家标准量、研制复制国家标准样品量

资料来源：根据公开资料整理。

截至2019年12月底，国家标准共38347项，其中强制性标准2131项，推荐性标准36216项，国家标准样品共1785项。

（二）行业标准

2019 年备案行业标准 4880 项。与 2018 年相比，2019 年度备案行业标准数量增加 619 项，对比情况如图 10 所示。截至 2019 年 12 月底，共批准设立 70 类行业标准，备案行业标准共 65998 项。

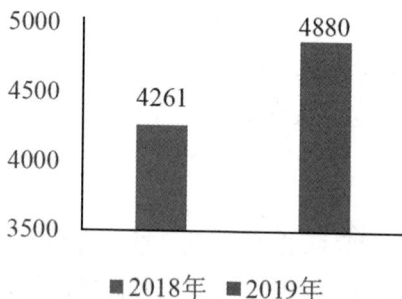

图 10　2018 年与 2019 年备案行业标准量对比

资料来源：根据公开资料整理。

（三）地方标准

2019 年备案地方标准 7238 项。与 2018 年相比，2019 年度备案量增加 3529 项，对比情况如图 11 所示。截至 2019 年 12 月底，备案地方标准共 42881 项。

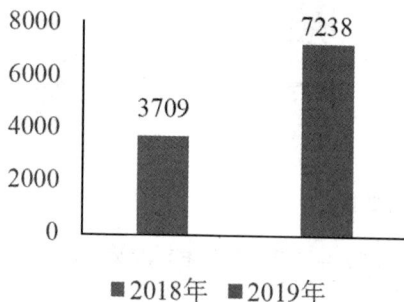

图 11　2018 年与 2019 年备案地方标准量对比

资料来源：根据公开资料整理。

（四）团体标准

2019 年，共有 963 家社会团体在全国团体标准信息平台（本节简称"平台"）上注册，公布 6227 项团体标准。相比 2018 年，2019 年平台年度注册社会团体数量增加 41 家，年度发布团体标准数量增加 2418 项，对比情况如图 12 所示。

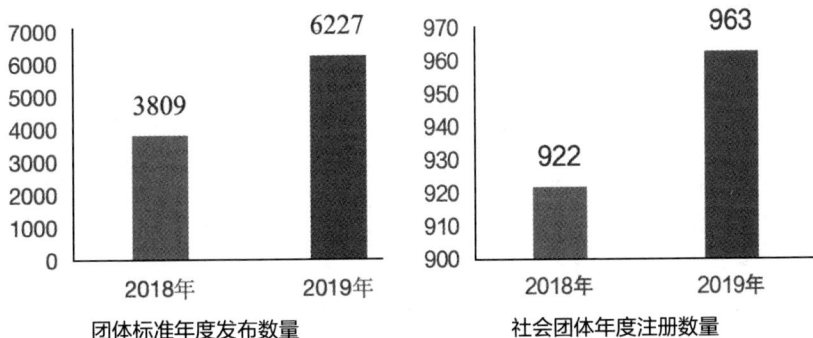

图 12　2018 年与 2019 年团体标准年度标准量和社会团体年度注册量对比

资料来源：根据公开资料整理。

截至 2019 年 12 月底，共有 3042 家社会团体在平台注册，平台上共公布 12195 项团体标准。按领域范围统计，其中农业类标准 1558 项，占比 12.78%；工业类标准 6085 项，占比 49.90%；服务业类标准 2592 项，占比 21.25%；社会事业类标准 1960 项，占比 16.07%。分布情况如图 13 所示。

图 13　团体标准按领域范围划分情况

资料来源：根据公开资料整理。

（五）企业标准

2019 年，企业标准信息公共服务平台（本节简称"平台"）新注册企业 55962 家；通过平台自我声明公开企业标准 373131 项，涵盖产品 651795 种。与 2018 年相比，平台 2019 年度注册企业数减少 5228 家，年度公开标准数增加 33283 项，涵盖产品种类增加 34436 种。

六、关键点

（1）了解标准化管理的意义。
（2）能运用以上理论进行实践。

七、教学安排建议

本案例可以作为专门的案例讨论课来进行，以下是按照时间进度提供的课堂计划建议，仅供参考。

整个案例课的课堂时间控制在 90 分钟左右。

课前计划：提出启发思考题，请学员在课前完成阅读和初步思考。

课中计划：简要的课堂前言，明确主题（5 分钟）。

（1）分组讨论，告知发言要求（30 分钟）。

（2）小组发言（每组 5 分钟，控制在 30 分钟）。

（3）引导全班进一步讨论，并进行归纳总结（25 分钟）。

课后计划：请学员以小组为单位，写出具体的学习案例报告。

参考文献

1.迈点研究院，张迪.2020 年 5A 级景区品牌 100 强榜单 [EB/OL].2021-07-06.

2.邓成连.触动服务接触点 [J].装饰，2010（6）：13-17.

3.邝兵.标准化战略的理论与实践研究 [D].武汉大学，2011.

4.冯艳英，郝素利，丁日佳.企业标准化管理模式及运行机制研究 [J]. 中国科技论坛，2014（6）：77-82.

5.肖智军.现场管理的三大工具——标准化·目视管理·管理看板 [J]. 企业管理，2003（11）：64-70.

6.邹振栋.宾馆服务"关键时刻"分析及其顾客感知质量改进对策研究 [D]. 东北大学，2008.

7.詹·卡尔森.关键时刻 MOT[J]. 首席财务官，2016（11）：96.

8.Michael Chubb. Tourism patterns and determinants in the Great Lakes Region：populations，resources，roads，and perceptions[J]. GeoJournal, 1989, 19（3）.

9.马天，谢彦君.旅游体验的社会建构：一个系统论的分析 [J]. 旅游学刊，2015，30（8）：96-106.

辛女溪村旅游产品创意与开发 [1]

鲁明勇　杨滢琳　赵培培 [2]

内容提要： 案例材料主要针对辛女溪村旅游产品进行研究。从辛女溪的背景入手，运用头脑风暴、名义小组技术、德尔菲法等决策方法确定了辛女溪旅游产品创意与开发的八大主题，着重介绍了辛女溪文化产品主题定位、旅游产品开发、文化传承和精品化打造等方面的内容。本案例旨在启发学生思考如何打造旅游目的地文化产品，引导学生结合文化旅游资源开发的典型发展实践，更好地了解我国文化旅游产品创意与开发等问题。本案例适用于MTA课程旅游目的地产品创意与开发的案例教学。

关键字： 创意与开发；辛女溪；旅游产品

---

[1] 本案例由吉首大学旅游学院鲁明勇教授、吉首大学研究生杨滢琳和赵培培共同编写，案例资料主要来源于对企业实地调研、相关统计数据及公开信息资料。作者拥有著作权中的署名权、修改权、改编权。由于企业保密的要求，在本案例中对有关名称、数据等做了必要的掩饰性处理。本案例只供课堂讨论之用，并无意暗示或说明某种管理行为是否有效。

[2] 作者简介：鲁明勇（1969—），男，苗族，湖南古丈人，吉首大学教授、硕士生导师，湘西自治州人民政府智库专家，张家界市旅游特派专家；研究方向为旅游管理、区域发展与管理。杨滢琳（1989—），女，山东德州人，吉首大学硕士研究生；研究方向为区域旅游。赵培培（1998—），女，河南商丘人，吉首大学硕士研究生；研究方向为旅游管理。

一、引言

湖南省泸溪县白沙镇辛女溪村，是国家乡村旅游扶贫重点村，拥有得天独厚的文化底蕴——入选国家非遗名录的辛女神话传说。辛女溪处于湘西州府吉首市的一小时交通圈内，处于泸溪县的半小时交通圈内，如此一来，吉首市民、泸溪县城白沙镇和浦市镇居民都会是辛女溪乡村旅游的基础市场，再借助周边旅游景点或者周边城市的发展，这些将是促进辛女溪发展的优越的基础条件。但目前很少有学者对辛女溪进行实际的旅游规划和案例分享。在此优越背景下，我们需要认真思考在新的政策形势下辛女溪的未来发展目标和定位。带着一系列问题，本案例将揭开辛女溪文化产品创意与开发的神秘面纱。

二、辛女溪资源

辛女溪拥有悠久的文明发展历史，是盘瓠辛女文化的发祥地，"盘瓠辛女神话传说"2011 年被国务院列为国家级第三批非物质文化遗产保护名录[1]。其特殊的地理区位，使得辛女溪拥有独特的少数民族文化特征，主要通过民俗、民歌、诗文、古村和建筑景观等展现出来，且与自然景观和当地人的生活紧密相连，是不可多得的独享优势，更是辛女溪发展旅游的重要载体。辛女溪所处的沅江风光带也是爱国诗人屈原的流放地，是文学大师沈从文作品的笔耕地，还是瓦乡人聚居地，瓦乡文化浓烈。

（一）文化资源

辛女是谁？辛女是哪个朝代的人？辛女信仰为什么在这一带如此根深蒂固地为人们所信奉？《后汉书·南蛮西南夷列传》是对盘瓠辛女传说记载得较为全面的一部古籍，其中有云："昔高辛氏有犬戎之寇，帝患其侵暴，而征伐不克。乃访募天下，有能得犬戎之将吴将军头者，购黄金千镒，邑万家，又妻以少女。时帝有畜狗，其毛五采（彩），名曰槃瓠。下令之后，槃瓠遂衔人头造阙下，群臣怪而诊之，乃吴将军首也。帝大喜，而计槃瓠不可妻之以女，又无封爵之道，议欲有报而未知所宜。女闻之，以为帝皇下令，不可

---

[1] 《第三批国家级非物质文化遗产名录的通知》（2011 年 6 月 9 日由国务院公布）。

违信，因请行。帝不得已，乃以女配槃瓠。槃瓠得女，负而走入南山，止石室中。所处险绝，人迹不至。于是女解去衣裳，为仆鉴之结，着独力之衣。帝悲思之，遣使寻求，辄遇风雨震晦，使者不得进。经三年，生子一十二人，六男六女。槃瓠死后，因自相夫妻。织绩木皮，染以草实，好五色衣服。制裁皆有尾形。其母后归，以状白帝，于是使迎致诸子。衣裳班兰，语言侏离，好入山壑，不乐平旷。帝顺其意，赐以名山广泽。其后滋蔓，号曰蛮夷。外痴内黠，安土重旧。以先父有功，母帝之女，田作贾贩，无关梁符传、租税之赋。有邑君长，皆赐印绶，冠用獭皮。名渠帅曰精夫，相呼为姎徒。今长沙武陵蛮是也。"[1]

通过上述记载我们可以了解，辛女是盘瓠的妻子，也是高辛氏的女儿，高辛氏属于"五帝"时代，其中第三个帝王帝喾又名高辛氏。以此推断，辛女是历史学家们所确定的中国上古时期的人物，但这个信仰却穿越漫长的历史时期，一直保留到今天，令人十分震撼，不敢相信还有这么久远的信仰，更不敢相信的是，这种信仰在当地还有如此高的地位。[2]

这样一个久远的信仰，经历了几千年的风风雨雨，没有停息也没有灭亡，辛女娘娘甚至是当地的守护神！[3]

（二）自然资源

辛女溪自然旅游资源主要包括地文景观、水域风光、植物景观三大类。

1. 地文景观和水域风光

辛女溪蜿蜒秀美，辛女泉清澈甘甜，辛女溪峡谷景色优美，辛女岩、盘瓠山、桌子岩险峻高耸，辛女洞集"险、奇、特、美、韵、意"为一体、较张家界天门洞更富有神韵，辛女岩山上海底岩石、海螺珊瑚化石遍布。

2. 植物景观

辛女岩游步道两侧形成春天油桐花和金樱子的美丽花景、秋天化香树红叶、金樱子红色果实的绚丽景色，沿途杉树、白栎树、野花野果密布，映山红恰如其分点缀于峭壁之上。辛女洞中古藤破石而出、破石而入，蜿蜒如游龙，

---

[1]　胡云 . 沅水流域辛女信仰研究 [D]. 中南民族大学，2016.

[2]　胡云 . 沅水流域辛女信仰研究 [D]. 中南民族大学，2016.

[3]　胡云 . 沅水流域辛女信仰研究 [D]. 中南民族大学，2016.

景色奇异。深紫色蝶形常春油麻藤颜色亮丽、外形美观，依附于木质藤本生长，恰如辛女与盘瓠不离不弃，呼应辛女岩与盘瓠山隔溪守望。辛女岩背山金樱子花、火棘等蔷薇科植物成片、连片开放，自然形成蔷薇花海。优良的自然资源和良好的生态环境，成为辛女溪发展旅游产业的最富有特色、最为重要的支柱。辛女溪借助这样的自然资源，形成了养心之三妙，养神之三闲，养眼之三景，养身之三动，养胃之三品，养趣之三乐，养寿之二旅。

三、产品创意与开发思路

本案例依靠辛女溪的文化资源和自然资源，考虑到市场需求，运用头脑风暴法、名义小组技术、德尔菲法、哥顿法四种决策方法，始终保持一个引领（聚焦辛女文化，以辛女文化引领乡村旅游），三项资源（盘活辛女溪水、辛女岩峰和花卉植物等特色生态资源），开发研学、观光、养生、休闲、健身、美食、农事体验、风情度假功能旅游产品，满足县内外群众的"大养生"乡村旅游需求作为辛女溪旅游产品开发思路，最终确定辛女溪旅游产品创意与开发八大主题。具体过程如图1所示。

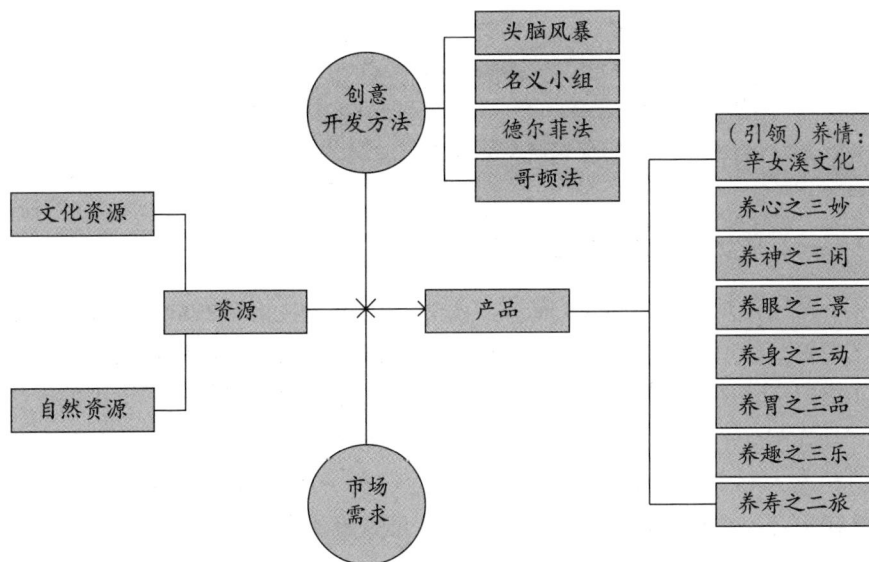

图1 辛女溪旅游产品创意与开发思路

四、辛女溪旅游功能产品开发：八大主题

据辛女溪乡村旅游资源特色，以辛女文化为主线，以江、溪、谷、岩、峰、崖、洞、祠、树、花、泉为载体，以大养生旅游为核心，主推研学、观光、休闲、养生、健体运动、农事体验、特色美食、风情度假等八大主题旅游产品，如图2所示。辛女溪自然生态与文化环境，特别适合休闲养生。这里的养生是指广泛意义上的放养身心，根据产品形态分为八大养法——养情、养心、养神、养眼、养身、养胃、养趣、养寿，共八大主题。

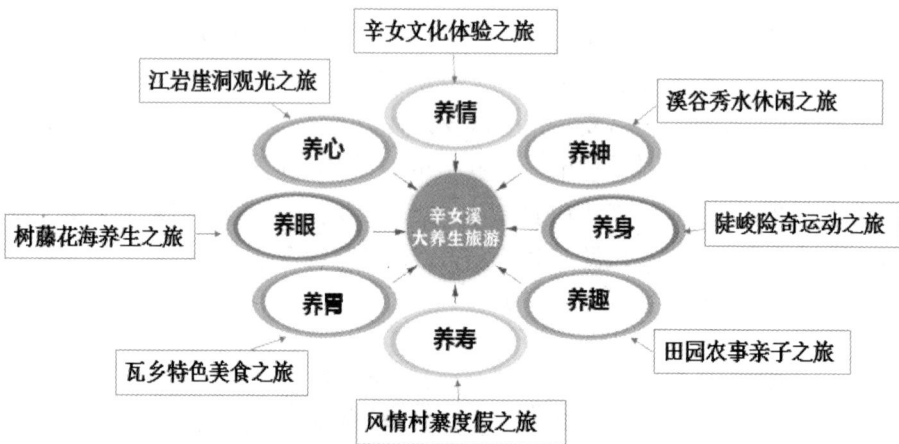

图 2　辛女溪旅游功能产品开发八大主题

（一）辛女文化体验之旅：养情

辛女文化是辛女溪的核心资源，必须深入思考，创新创意，将文化价值转化为旅游价值。"盘瓠辛女神话传说"于2011年被国务院列入国家级第三批非物质文化遗产保护名录，辛女溪作为该文化传说的发源地，境内的盘瓠山、盘瓠洞、辛女岩、辛女溪等大量十余处地貌实体与独特的少数民族文化紧密相连，形成了辛女溪文化旅游资源的"唯一性"。数百年来当地民众通过修建辛女祠和举办各种民俗活动纪念、推崇盘瓠辛女神话传说。该传说演绎了盘瓠与辛女坚贞、动人的爱情故事，和辛女溪文化旅游资源的美丽完美融合，共同形成了辛女溪"唯美之文化"的旅游资源，成为不可多得的独享优势，更是辛女溪发展旅游的重要载体。

本案例利用这样的文化资源，挖掘辛女神话传说的当代价值，并通过旅游行为和创意，将之彰显出来，弘扬激昂向上的正能量。在旅游创意中，本案例重构关于辛女文化旅游的解说词，从传说中凝练出辛女是助夫兴业、持家育子、夫妻和谐、家庭和睦、亲情孝道的化身。以此为引领，开发以下系列产品。

1. 开发辛女文化系列旅游纪念品

神母辛女是旺夫兴家之女神。辛女神话传说的当代价值是弘扬激昂向上的正能量。辛女是助夫兴业、持家育子、夫妻和谐、家庭和睦、亲情孝道的化身。神母辛女是阖家幸福的庇护神！围绕辛女是家庭幸福的旺夫兴家之女神的定位，开发辛女主题文化的家庭婚恋情感旅游纪念品，如定情钻戒、金银定情锁、家庭和顺夫妻和美车挂、辛女岩模型、辛女盘瓠创意玩偶、布娃娃、盘瓠辛女神话传说的漫画、连环画、纪念画册，民俗服装，特色面具、脸谱，风光画册、明信片，特色动植物标本纪念品等。结合辛女溪绝佳的山水植物旅游资源，深入挖掘开发独特的民族生态文化，开发民族风俗、节庆、故事、传说等与文化资源相关的旅游纪念品和文化艺术品，可分为传统生活用品、仪式纪念品、节庆纪念品等旅游纪念品系列和与传说、故事等生态文化有关的文化艺术品系列。

2. 开展辛女文化研学旅游

盘瓠与辛女神话传说，内容丰富，故事完整，具有广泛的群众性。神话传说衍生的民族学、宗教学、语言学等诸多事象，对研究苗族民俗、历史文化具有重要价值，对于提倡民族团结、勤奋拼搏，构建和谐社会具有重要的社会意义。

历史价值：盘瓠与辛女神话传说发生在母系社会向父系社会过渡时期，反映了人类原始社会由母系社会的对偶家庭阶段向父系社会过渡的家庭特征和社会性质。辛女神话流传范围广，内容丰富，历史上众多的专家学者都曾孜孜不倦地研讨过它，成为国际上的研究课题。

民俗学价值：盘瓠与辛女神话传说，发祥于湖南省湘西土家族苗族自治州泸溪县，是盘瓠文化的主要内容。该神话流传于湘西苗族地区和黔东北苗族地区以及我国东南部。湘西苗族尊辛女为"神母"，尊盘瓠为"神父"，是我国民间文学（口头文学）宝库中极为重要的资料和珍贵的文化遗产。

民族凝聚力：神话传说产生于远古时期，具有稳定性、传承性、功用性特征，使其内蕴的原始思维、原始观点以及外在表现祭祀仪式、艺术形式等方面比较成熟而得以长期保留，世代相传。神话传说作为一种历史久远的民族民间传统文化，千百年来，一直是民族认同的基本标识，是维系民族团结的重要纽带。

建立盘瓠辛女神话传说研学旅游基地，促进研学旅游。以保护盘瓠辛女神话传说国家非物质文化遗产为目的，以盘瓠辛女神话传说为基础，以民族文化学习研究为主题，以建立研学旅游基地为手段，积极与中学、高校、文化部门紧密合作，不断开展不同形式的研学活动，促进研学旅游发展。如全国盘瓠文化学术研讨会于 1990 年在泸溪县召开，该次会议聚集了全国 109位专家学者深入研究盘瓠文化。

3. 推进辛女文化祭祀与节庆旅游

作为一个古老的神话传说，盘瓠与辛女的神话最初根植于农耕文化的土壤，逐渐演变成各种盘瓠崇拜的民俗事象，由神话传说衍生出的民族学、宗教学、语言学、祭祀、舞蹈、医药和丧葬等文化事象在泸溪广为流传。盘瓠文化辛女事象中的一些民俗，如苗族跳香、苗族挑花、凿花和目连戏等可开发成旅游工艺品和文艺演示，对提高当地的知名度有积极作用。以盘瓠辛女神话传说国家非物质文化遗产为基础，结合苗族跳香、目连戏等苗族和当地民俗活动，深入发掘辛女祠祭祀、盘瓠洞祭典等节庆，丰富祭祀、节庆等文化娱乐活动内涵，拓展盘瓠辛女文化展现形式，增强与游客的互动，让游客在活动中感受辛女文化。

4. 以辛女文化创意景点展示形式

对旅游资源创意性地进行神话传说相关命名，增加文化体验，如计划修建的辛女岩游步道的第二休憩平台有一大棵水杉树，该树从树根部分为两大主树枝，较有特色，可创意命名为"盘瓠辛女树"（寓意不离不弃、相依相偎之意）；如对成片生长于辛女岩悬崖上的常春油麻藤，根据其深紫色蝶形外观和依附于木质藤本，可创意命名为"辛女花"，寓意辛女犹如蝶恋花、缠绵遥望盘瓠山之意。结合传说，展示重要景点文化。可以在重要景点把传说分部分以不同形式展示，如在辛女岩入口处把传说中辛女岩形成以石刻的形式展现，在辛女溪以木刻展示牌让游客认识辛女溪的由来，在盘瓠山下的辛女溪入口处以通俗易懂的导游词展示整个神话传说。

（二）江岩崖洞观光之旅：养心

辛女峰上是"绝妙风光观景岩、绝妙休闲健身峰、绝妙奇特探秘洞"的完美融合，凭借其特色显著的旅游资源，号称为"三妙之岩峰"恰如其分。

1. 绝妙风光观景岩：沅江舒阔大气之美

辛女岩东侧为沅江，北侧为辛女溪，辛女岩处于辛女溪汇入沅江的三角地带。东边，沅江流经此处形成一个巨大U形水湾，江水澄碧，宛若蓝茵彩带，江岸翠绿，恰似葱郁霓裳。中间，辛女岩山峰高峻、巍然屹立，山体宛如人形，传名辛女，直耸山体为一览风光全景提供绝妙去处。北边，辛女溪谷水潺潺、木落翩翩，使辛女岩与盘瓠山隔溪相望，形成辛女岩下一大一小、一东一北两条碧玉丝带。辛女溪边辛女岩与盘瓠山情迷沅江风光的无上美景。千姿山水风光与千年神话传说完美结合，辛女岩直耸山体和绝佳位置成为绝妙观景处，"绝妙风光观景岩"当之无愧。

2. 绝妙休闲健身峰：辛女岩峰险峻之美

辛女岩垂直落差252米，从辛女大桥经游步道至辛女岩峰顶共1.2千米，游步道随直耸山体蜿蜒而上，距离不远的路程坡度却高达到21%（坡度按百分比法计算，游道长度拟为水平距离）、每走100米游步道垂直上升2.1米，非常适宜漫步健身。游步道上计划建设一处歇脚点和三处观景休憩平台，可从低、中、高不同角度观看沅江风光、远近不同角度观看辛女岩、桌子岩景色，在平台形成"横看沅江侧观峰、远近高低各不同"的景色。游步道沿途有亿年前生成的海底化石和自然生长的桐子树、化香树、水杉树、火棘、山野泡等形态各异、颜色各异的多种植物地质生态景色。辛女岩峰顶建有辛女祠，汉朝始建，后经唐、宋、元、明、清、民国等历代多次重建毁坏，并于1990年由民间在原址基础上复修辛女祠。与辛女岩同为沅江流域最古老名胜古迹，彰显着灿烂盘瓠文化的精魂。这些共同形成了步步有景、峰回路转又一景的原生态休闲景观。

3. 绝妙奇特探秘洞：探秘生命起源之美

辛女洞集"险、奇、特、美、韵、意"为一体。整体山洞形态与女性身体"生命的起源"生殖部位神似，与"辛女盘瓠"为苗族"神母、神父"始祖传说贴切呼应。洞中有小洞，比张家界天门洞更有神韵，洞外可观辛女岩下沅江碧玉美景，洞上为辛女祠下方的天然天桥，洞内古树宛如华盖，古藤破石出入，蜿蜒如游龙，共同形成景色绝妙的值得探秘的奇特洞穴。

（三）溪谷秀水休闲之旅：养神

1. 溪谷沅江戏水之闲

辛女溪蜿蜒秀美，水流量充沛，清澈见底，鱼虾成群。沿溪两岸山体计划封山育林，建设百果园，修缮水稻梯田。通过建立特色跳岩，把辛女溪打造成为小桥流水的休闲之溪。以蜿蜒秀美的辛女溪为主体，进行休闲垂钓、绿荫游道漫步、夏季少儿戏水等休闲养生活动。还可以在辛女古桥和辛女滩边的沅江开展龙舟竞赛、乘坐辛女公主号游船观光等活动。

2. 绿树柳荫漫游之闲

辛女溪沿溪两岸已经部分形成垂柳成荫的优美景色。沿溪两岸全部种植柳树，并建设沿溪游步道和骑行道。辛女溪被打造成为柳树成荫的徒步骑行休闲之溪。

3. 蓑衣斗笠垂钓之闲

结合辛女溪现有水域、鱼虾资源，建设三个 2~3 米小水坝，把辛女溪打造成绿荫柳树下、清澈溪水旁、悠然垂钓中的休闲之溪。

（四）树藤花海养生之旅：养眼

以四季花景、蔷薇花海、双藤美景为特色，观赏植物花卉，举办摄影大赛、花季观赏、植物趣味学习、化石探秘等活动，充分利用特色生态资源。

1. 四季花景入眼秀

辛女岩环线游步道沿途桐子树、化香树、白栎树、水杉树、金樱子、映山红、野花野果等植物资源丰富，进行生态开发后可形成春天油桐花、金樱子美丽白色花景，秋天化香树红叶、金樱子红色果实的绚丽红色花景。不同季节、不同花景色彩缤纷。

2. 村藤美景放眼亮

常春油麻藤，成片、成串生长于辛女祠前坪悬崖和辛女洞中，为深紫色蝶形藤本植物，外形极其美观，色彩极其亮丽。根据其深紫色蝶形外观和依附于木质藤本，被创意命名为"辛女花"，寓意辛女犹如蝶恋花、缠绵遥望盘瓠山，是湘西州其他乡村少有的特色植物景观。常春油麻藤爱攀附陡坡、岩壁等处生长，是棚架和垂直绿化的优良藤本植物，可重点打造特有自然生态景观。古藤，生长于辛女洞中的垂直悬崖，破石而出，破石而入，蜿蜒如游龙，为茂盛生长突破了坚硬的石壁，其顽强的生命力令人叹服，被创意命名为"盘瓠藤"，寓意盘瓠辛女坚贞的爱情。

3. 蔷薇花海满眼春

辛女岩北山脊的辛女泉下，有大面积、连片的金樱子花、火棘（当地俗称"救兵粮",白色小花,红色小圆形果实）等至少5种蔷薇科植物花品生长，形成极为壮观、温馨的蔷薇科植物花的海洋。经对辛女岩北山脊的山坡土质土壤调研，发现该山坡的红色土质"排水良好，土层深厚、肥沃"，适合金樱子和火棘等蔷薇科植物成片、连片生长，可通过拔除混杂植物等适当打理，形成更为纯净的花海。

（五）陡峻险奇运动之旅：养身

以风光秀丽、独具特色的辛女岩为依托，开展登山徒步竞赛、自行车骑行赛、攀岩比赛、户外露营、探险活动、探秘趣味活动等多种形式的节庆活动。还可打造自驾游营地。

1. 辛女坡徒步登山竞走运动

以"竞走绿肺间 身心康养时，行走四季 快乐行走"为主题口号，以快乐休闲健身为依托，以辛女坡自然山水美景为背景，以三条特色环形游步道为廊道，以竞技赛事为辅助手段，吸引青、中、老不同人群开启快乐休闲养身之路。游客在锻炼个人身体、磨炼个人意志、培养吃苦顽强品质的同时，深度体验辛女溪旅游资源。游客在获得心灵休闲、体格健身、风光浏览的同时，带动辛女溪乡村旅游发展。

2. 辛女溪沿水绿道单车骑行运动

自行车骑行作为一种简单易行的健身方式，不易出现运动损伤。骑行者既能开阔视野又可以锻炼身体，还可交到志同道合的朋友。近年来，骑行受到越来越多健身爱好者，特别是青、中年人群的青睐。以辛女溪骑行道为主线的骑行运动，是一种深度体验的旅游形式、一种前卫时尚的生活方式和一种自由快乐的健身途径，能够充分满足骑行旅游者在垂柳成荫、蜿蜒秀美的辛女溪自然美景下追求畅爽、实现自我的需要。以"骑行绿溪间 身心怒放时，四季骑行 快乐骑行"为主题口号，能够吸引众多自行车骑行爱好者的参与，扩大辛女溪乡村游客群体。

3. 辛女岩攀岩探险露营运动

辛女岩、桌子岩陡峭的悬崖山体是攀岩爱好者的理想追求，可以充分满足攀岩游客对回归自然、挑战自我、增强体力、磨炼意志的需求，可以举办以"辛女岩之韵"为主题的攀岩竞赛，并通过网络直播等媒体报道方式，扩大辛女溪乡村旅游的知名度。辛女洞奇特的洞体形态和辛女岩北山脊较为平缓的山体，为探险、露营等提供了天然条件，通过举行"一次奇特洞穴的探秘""一场说走就走的露营""盘点湘西风光最美露营地"等主题活动，吸引游客。

4. 辛女洞翼装飞行穿越运动

利用辛女洞下临沅江之便，可创意策划从辛女峰顶翼装飞行穿越辛女洞，再滑翔落地于沅江水面的奇险运动。

（六）瓦乡特色美食之旅：养胃

瓦乡米饭和稻花鱼菜是两大主推特色，再配以泸溪、湘西特色菜品，打造绿色、生态、安全、健康、养胃的旅游美食体系。

1. 瓦乡米香养胃

以柴火饭、灶锅饭的形式，加工特色瓦乡米饭，让游客体验瓦乡米原产地、原汁原味、原生态特色，吃得开心。

2. 稻花鱼鲜养胃

以湘菜特色和湘西地域烹饪工艺，加工稻花鱼，做出红烧、清蒸、酸辣等多种口味的稻花鱼主菜品，让游客吃得开心。

（七）田园农事亲子之旅：养趣

以油板栗、稻花鱼、瓦乡米、蜂蜜特色产业为载体，举行板栗采摘节、稻香捉鱼节、稻花鱼烧烤活动、稻花鱼烹饪赛、美食节、蜜汁节、果园采摘节、插秧节、打谷节等农事体验休闲活动。不光可以让成年游客重温幼年乡村生活，更可以让城市中长大的未成年人拥有丰富多彩、妙趣横生的体验经历，还可以为家长和小孩提供亲密互动、增进感情的良好氛围，形成全家大小齐上阵、与大自然融为一体的美妙亲子之旅。

1. 板栗采摘

以百亩板栗园的壮美景观吸引游客，游客可以在板栗园休闲游览观光；通过板栗采摘趣味活动进行互动，在亲自动手采摘过程中体验乐趣；以游客自己动手参与风味板栗炒制的方式，增强体验效果。为采摘活动提供具有浓厚乡土气息的微型特色背篓、竹篓等工具，增强乡村气息。

2. 稻田捉鱼

在稻谷金黄时节，开展徒手捕鱼、稻田钓鱼、撮箕捉鱼等形式多样的稻田捉鱼活动，形成"千亩金黄稻穗下、游客泥泞捉鱼趣"的妙趣横生的画卷。同时，配以开展稻花鱼烧烤活动、稻花鱼烹饪赛、稻花鱼美食节等活动，让游客在秀丽风景中自助完成从捉鱼到煮鱼、食鱼全过程，在趣味中体验劳动的快乐，在快乐中身心回归自然。

3. 插秧打谷

在水稻插秧和收割的春秋季节，进行青苗行动（水稻种植）、金黄稻穗行动（稻谷收割）等农事体验活动，通过赤脚下田插秧、手拿镰刀割稻子、学打谷机打谷等形式，丰富城市游客对乡村生活生产的了解与体验，让游客参与乡村生活，深度体验乡村游。

4. 蜂蜜商品

（1）蜂蜜的地域性

辛女溪属沅江支流，具有独特生态系统，其蜂蜜口感独具特色，与永顺小溪蜂蜜、古丈高望界蜂蜜、保靖酉水蜂蜜不同。辛女溪成为泸溪县庆丰生态养殖专业合作社的养蜂主产地，村民在山脚下的板栗林及附近山林放置了大量蜂箱，生产的"黄荆条"蜂蜜口感甘甜，气味芬芳，清香甜润，营养滋补。

（2）蜂蜜商品开发

根据市场变化和适应消费升级需要，立足辛女溪自然生态环境优势和"黄荆条"口感优势，进行 QS 认证，加强绿色产品认证，进一步增强无公害农产品、绿色食品或有机食品的认证和产品登记。打造精品，注重品牌保护，在工商部门进行产品商标注册，进行品牌化经营。

（八）风情村寨度假之旅：养寿

可建设自驾游营地，着力将辛女溪打造成能接待游客短时休闲居住度假（1~3 天）和长时休养租住的旅游度假村。

1. 自驾游营地

建设自驾游营地，打造帐篷营地、集装箱营地、房车营地等，提供相关服务和物资装备补给，如提供大规格的帐篷出租等。

2. 辛女溪客栈

因地因时制宜，可选择四种方式。一是别墅式客栈，条件成熟时，村民村集体可建设一些特色乡村别墅，如近水独栋休闲别墅；二是标准客房，按照一般标准建设的楼层套间；三是青年旅舍，按照国际青年旅舍模式建设的适合旅游爱好者的旅馆；四是特色住宿，如石屋、架在树上的鸟巢屋、木船旅馆、迷你微型别墅、茅草居等；五是提供短时度假休息服务，如钟点房、午夜房、包月房等。

案例教学使用说明

一、教学目的与用途

本案例适用于 MTA 研究生课程中有关文化旅游产品开发、旅游目的地的规划与开发等相关内容的案例教学。

本案例教学的目的是通过对辛女溪文化产品主题设计的介绍，使 MTA 研究生更好地了解文化旅游目的地规划与建设过程中，旅游文化产品开发，产品体验化设计、市场营销推广、文化遗产保护，以及如何有效利用自身优势积极应对机遇和挑战等方面的问题。

二、启发思考题

（1）辛女溪旅游产品的创意主题是什么？

（2）新时期辛女溪可以采用哪些新兴技术和模式进一步激发游客参与体验的热情？

（3）将辛女溪以及湖南省内其他文化旅游景区进行对比，找出它们在文化定位、产品设计、文化保护方面的性质和差异性，并有针对性地提出有实践指导意义的建议和措施。

三、分析思路

案例基本分析思路如图 3 所示。

根据教学目的需要，教师可以灵活使用本案例，以下建议仅供参考。

（1）从景区开发和目的地发展的战略视角出发，探讨其开发建设的原因、可行性和实施方案的过程中，必须考虑其所在宏观背景，从共时和历时两个角度，运用 PEST、SWOT、五力模型等分析工具，从市场环境、国家政策、资源特色、企业战略等方面，全面分析影响其发展的内外因素，找出自身优势所在，并给出克服现存问题的整体解决方案。

（2）从旅游产品主题定位的视角探讨本案例。旅游文化是文化旅游的灵魂，旅游产品的主题定位必须有文化的支撑。旅游文化也不是凭空出现的，而是在漫长的历史发展过程中逐渐演化而来的，这就要求我们在产品开发过程中必须深挖其文化内涵。同时，文化是由各种符合体系构成的，旅游产品的开发必须全面分析特定文化符号体系的构成要素，进而精选出具有代表性的元素来彰显主题。

（3）运用场景思维来审视本案例。随着移动互联网的不断发展，游客的多元化需求和移动共享需求越来越强烈，"场景体验"逐渐得到重视，游客希望在旅游目的地得到"沉浸式体验"，体验到旅游目的地特色主题，即强调"此人、此时、此地、此事、此情、此景"。运用场景思维，强调游客能够置身事中，感同身受，模拟体验。

（4）从旅游开发与文化传承的视角来看，旅游开发并不是强调要把旅游文化特色抹去，经过科学合理设计的旅游开发是特色文化传承与保护的重要措施，不仅可以为即将淡化的特色文化提供一些经济保障，还可以让当地文化传承人体会到"自豪感"。同时文化的传承和保护，也是一个景区吸引力的重要组成部分，是品牌塑造和推广的重要方式。在文化开发和传承之间还需要科学合理的保障机制，使文化的继承者积极参与其中。

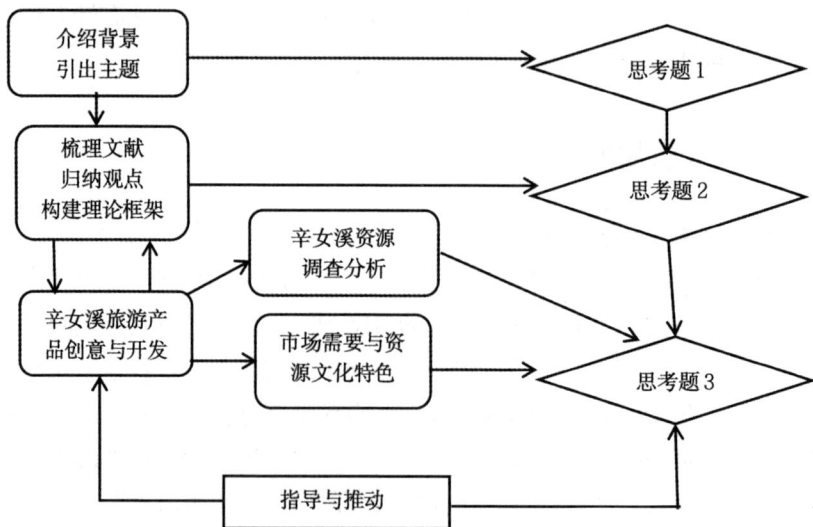

图 3 案例基本分析思路

四、理论依据与分析

（一）头脑风暴法

头脑风暴法（brainstorming）是比较常用的集体决策方法，便于发表创造性意见，因此主要用于收集新设想。通常是将对解决某一问题有兴趣的人集合在一起，在完全不受约束的条件下，打开思路，畅所欲言。

（二）名义小组技术

在集体决策中，如对问题的性质不完全了解且意见分歧严重，则可采用名义小组技术。在这种技术下，小组的成员互不通气，也不在一起讨论、协商，从而小组只是名义上的。这种名义上的小组可以有效地激发个人的创造力和想象力。

在这种技术下，管理者先召集一些有知识的人，把要解决问题的关键内容告诉他们，并请他们独立思考，要求每个人尽可能地把自己的备选方案和意见写下来。然后再按次序让他们一个接一个地陈述自己的方案和意见。在此基础上，由小组成员对提出的全部备选方案进行投票，根据投票结果，赞成人数最多的备选方案即为选定的方案。当然，管理者最后仍有权决定是接受还是拒绝这一方案。

（三）德尔菲法

这是兰德公司（Rand）提出的，被用来听取有关专家对某一问题或机会的意见。运用这种技术的第一步是要设法取得有关专家的合作。然后把要解决的关键问题分别告诉专家们，请他们单独发表自己的意见并对解决问题所需的时间做出估计。在此基础上，管理者收集并综合各位专家的意见，再把综合后的意见反馈给各位专家，让他们再次进行分析并发表意见。在此过程中，如遇到差别很大的意见，则把提供这些意见的专家集中起来进行讨论并综合。如此反复多次，最终形成代表专家组意见的方案。

（四）戈登法

戈登法是由美国人威廉·戈登创立的，是一种由会议主持人指导进行集体讲座，不让与会者知道真正意图和目的的技术创新方法。

这种方法要求在会议上把具体问题抽象为广义的问题提出来，以引起人们广泛的设想，使主持人暗示出解决问题的方案。会议的主要步骤为确定议题，主持人引导讨论，主持人得到启发，说明真实意图。戈登法设会议主持人 1 人，与会者 5~12 人。

五、辛女溪的背景

溯沅水而上，来到泸溪县境内沈从文老先生笔下的箱子岩边，再上行 2500 米，便到了雄奇巍峨的盘瓠山与其对面亭亭玉立的辛女岩下，山与岩峰之间有一条小溪，名叫辛女溪。辛女溪发源于泸溪县李家田乡打狗冲的山冲里，它九曲十八弯，全长 10 千米，在辛女桥下汇入沅水。

辛女溪隶属于泸溪县白沙镇红岩村，位于泸溪县城西南方向，东与怀化市辰溪县隔江相望，南与浦市镇麻溪口村相邻，西与武溪镇天门溪村接壤，北与白沙镇红土溪村相连。

本村文化底蕴深厚，是盘瓠辛女神话的发源地。盘瓠与辛女神话传说产生于母系社会向夫权社会过渡时期，最早见诸文字的是范晔的《后汉书》，此后的《风俗通义》《搜神记》《荆楚记》以及《溪蛮丛笑》《辰州府志》等史书和典籍中都有记载。本村诸多自然人文景点皆以辛女盘瓠传说命名：辛女岩、盘瓠山、盘瓠洞、辛女祠、辛女溪、辛女古桥、辛女滩等十余处。

辛女文化在辛女溪集中体现，最突出、最独特，是湘西沅江流域文化的重要元素，具有鲜明的楚巫文化特色，长期以来与湖湘文化交融发展。

六、关键点

（1）辛女溪文化主题定位。

（2）辛女溪文化符号的休闲体验化开发。

（3）辛女溪文化传承和精品化打造。

七、课堂安排建议

教学程序	时间安排	设计意图
课前探究	课前一周左右	学生课前了解案例基本内容
实地考察	一天	对辛女溪有更加直观和具体的认识
课堂教学	两个课时	有针对性地提出案例相关问题，学生分组整理问题解决思路（20分钟）→针对问题进行案例分析，分组讨论解决方案，培养学生参与及利用专业知识分析问题的能力（30分钟）→以PPT展示各小组讨论结果（30分钟）→对各组讨论结果进行总结（20分钟）
课后反思		对本次案例教学效果进行评估和分析，为下次教学提供借鉴

参考文献

1.胡云.沅水流域辛女信仰研究 [D].中南民族大学，2016.

2.周三多.管理学——原理与方法 [M].7 版.上海：复旦大学出版社，2018：153-154.

3.戈登法 [J].中国医院院长，2006（16）：78.

极限运动创意促推张家界天门山景区营销 [1]

鲁明勇　唐　婷 [2]

内容提要： 自 1999 年飞机穿越天门洞开始，张家界天门山景区拉开了以极限运动为创意的营销大幕。在随后二十余年的时间里，张家界天门山景区共组织开展了三十余场大型极限运动活动，这些活动的开展为景区增添了"传奇、刺激、震撼"的色彩，引起了全球游客的关注，吸引了大量游客前来观光旅游，使天门山景区收获了良好的经济效益。本案例全面分析了极限运动对天门山景区营销的优劣势和未来面临的挑战，引导 MTA 学生在旅游景区的营销工作中开拓思维，利用产品优势，走出一条独具特色的品牌营销之路。

关键字： 极限运动；天门山景区；营销

---

[1]　本案例由吉首大学旅游学院鲁明勇教授、吉首大学研究生唐婷共同编写，案例资料主要来源于对企业实地调研、相关统计数据及公开信息资料。作者拥有著作权中的署名权、修改权、改编权。由于企业保密的要求，在本案例中对有关名称、数据等做了必要的掩饰性处理。本案例只供课堂讨论之用，并无意暗示或说明某种管理行为是否有效。

[2]　作者简介：鲁明勇（1969—），男，苗族，湖南古丈人，吉首大学教授、硕士生导师，湘西自治州人民政府智库专家，张家界市旅游特派专家；研究方向为旅游管理、区域发展与管理。唐婷（1987—），女，四川射洪人，吉首大学硕士；研究方向为旅游管理。

一、引言

1999 年，全球六个国家的顶级飞行大师驾驶飞机穿越天门洞。这一事件吸引了全球 200 多家媒体报道，使天门山景区的知名度大大提高。如果说"飞机穿越天门洞"是天门山景区以极限运动进行创意营销的起点，那么世界翼装飞行联盟（WWL）将天门山选为世界翼装飞行世锦赛的比赛场地，则将此营销模式推向了高潮。2012 年第一届世界翼装飞行世锦赛在天门山景区举办，当年天门山景区接待游客量首次突破 100 万大关[1]。在随后的 8 年时间里，天门山景区游客量以平均 26% 的速度增长，大大超过了 2012 年前的增长速度。与此同时，天门山景区每年以"翼装飞行"为主，其他小型极限运动赛事为辅，不间断吸引游客眼球，挑起一个又一个热点话题，流量持续增长，实现了品牌效应和经济效应双丰收的可喜局面，如表 1 所示。

表 1　天门山景区历年来开展的体育活动

时 间	体育活动	景区接待人数（单位：万人次）
1999年	世界特技飞行大师穿越天门洞	未开业
2006年	俄罗斯空军表演	40
2007年	法国"蜘蛛人"阿兰·罗伯特徒手攀爬天门洞绝壁	48.71
2008年	高空走钢丝行走挑战	43.14
2009年	中瑞高空王子挑战索道	44.13
2010年	中外极限走钢丝活动	63.15
2011年	"冰冻活人"挑战赛 翼装飞行穿越天门极限挑战活动	86.57
2012年	轮滑人挑战99道弯公路 首届翼装飞行大赛	109.97
2013年	99道弯公路赛车漂移赛 第二届翼装飞行大赛	110.78
2014年	中国"天路"自行车挑战赛 第三届翼装飞行世锦赛	152.02

---

[1]　数据来源于天门山景区内部资料。

续表

时间	体育活动	景区接待人数（单位：万人次）
2015年	冰水耐寒大挑战	287.35
	天梯速降赛	
	F1世界冠军天门山飞车竞速翼装飞行	
	第四届翼装飞行世锦赛	
	海峡两岸200余名专业自行车手挑战99弯公路	
2016年	意大利车手极速挑战天门山99弯公路	377.11
	第五届翼装飞行世锦赛	
	第二届红牛天梯速降赛	
	"美利达浩盟杯"天门山"天路"自行车挑战赛	
2017年	世界跑酷大赛	384.2
	第六届翼装飞行世锦赛	
	潇湘100张家界天门山国际越野系列赛	
2018年	第七届翼装飞行世锦赛	427.83
	潇湘100天门山国际越野赛	
	三名花式足球高手颠球上999级天梯	
	高空走扁带	
	中国长板速降运动员挑战天门山99弯	
2019年	"喷气人"穿越天门洞	474.84
	中国顶级摩托车手挑战999级天梯	
	"极限飞荡"动力伞特技国际大师赛	
	UTTM2019潇湘100第三届张家界天门山国际越野赛	
	第八届WWL翼装飞行世锦赛	
	大众ID.R中国天门山挑战赛	

资料、数据来源：笔者根据天门山景区内部资料整理而成。

天门山景区在极限运动创意营销中为何会取得如此大的成功？天门山景区有哪些优势？天门山成功模式是否可以被其他景区所复制呢？

二、天门山景区开展极限运动创意营销的优势

（一）资源的独特性

第一，天门山是山岳型自然景区，海拔 1518.6 米，是张家界市永定区范围内海拔最高的山。像翼装飞行这样的极限运动，需要一个垂直于地面的悬崖且高度在 600 米以上的比赛场地，而国内像天门山这样既满足此项条件又有较好的地理、气候条件的景区并不多见。第二，天门山景区最著名的景点莫过于天门洞了，天门洞高 131.5 米，宽 57 米，深 60 米，这一自然形成的景观在全球仅此一例，这是开展极限运动最好的"舞台"，飞机穿越"天门洞"、法国"蜘蛛人"阿兰·罗伯特徒手攀爬天门洞绝壁等多项极限运动在此开展。第三，天门山拥有"天下公路第一奇观"的 99 道弯公路，是公路赛车漂移赛的绝佳跑道。第四，全长 7455 米，水平高差 1279 米的天门山索道为"高空走钢丝"的选手们提供了挑战的乐趣。第五，国内顶级摩托车手、世界跑酷大赛、轮滑选手都曾经将 999 级天梯作为比赛场地，天梯不仅长且陡，但这并没有让选手们畏惧，反而增添了比赛的冲突性和紧张感。由此可见，天门山景区内处处都是极限运动的绝佳位置。

（二）立体的交通体系

极限运动的危险性更加需要工作人员对天气、风速、场地、运动员的比赛状况做多方面的评估，运动员在比赛前也需要大量的时间进行场地适应训练。如果没有便捷的交通工具使运动员能快速到达比赛场地，运动员就需要在路途中花费更多的精力和体力，影响比赛的发挥。

由两条索道、一条盘山公路、12 段自动扶梯等组成的立体交通体系成为天门山景区独特的优势。游客及运动员从山脚到达天门洞乘坐索道仅需 10 分钟，从山脚到达山顶乘坐索道只需 28 分钟。由此可见，运动员在路途花费的时间非常少，方便其在有限的时间内多次开展训练，以达到比赛的最佳效果。

（三）多样的宣传方式

在过去的十六年里，天门山景区打造了以极限运动赛事为主题的完整的品牌传播路径，运动赛事虽然是短暂的，但是可以通过多种多样的宣传方式使得品牌传播长期化。

71

　　首先，天门山景区将国内媒体和国外媒体、国家级媒体和省级、市级媒体相结合，扩大宣传范围。以 2006 年举行天门山特技飞行表演赛为例，中央电视台组织了 310 名记者和工作人员现场直播，时间长达 137 小时；香港凤凰卫视、澳门澳亚卫视、台湾东森电视台、湖南经济电视台每天现场直播各 5 小时；韩国 SBS 电视台也进行了全程直播；人民网等 30 多个网站设立了报道专区和专题栏目；俄通社—塔斯社等也对此活动进行报道。国内外 200 多家媒体对活动进行了采访报道。据统计，互联网上与这次活动相关的网页有 26000 余个，采访和转载文章达 68000 多篇 [1]。

　　其次，天门山景区善于利用各类新媒体进行宣传营销。天门山景区利用微信公众号、抖音、微博等新媒体进行宣传，不仅有较多的阅读量，也通过留言等方式增强了与网友的直接互动，使得景区品牌更加饱满。目前天门山景区抖音粉丝量 24.1 万，微博粉丝量 12.3 万（见表 2、表 3、表 4）。

表 2　天门山景区微信公众号阅读量过万的文章（2013—2021 年）

标题	时间	来源	阅读量（人次）
《全球超胆飞侠集结天门山！2019翼装飞行世锦赛大幕将启》	2019.08.28	天门山景区微信公众号	1.8万
《极限飞荡！又一极限运动将在天门山进行前所未有惊险挑战》	2019.06.17	天门山景区微信公众号	1.2万
《直播丨天门山女子高跟鞋走扁带巅峰对决》	2018.05.26	天门山景区微信公众号	1.2万
《本周末外国美女天门山挑战高跟鞋高空走扁带》	2018.05.21	天门山景区微信公众号	2.3万
《高山之巅翼装飞行惊呆游客 2017翼装飞行世锦赛大幕将启》	2017.09.07	天门山景区微信公众号	1.2万
《史无前例！天门山超高难度999级天梯跑酷赛》	2017.05.30	天门山景区微信公众号	1.9万

表 3　天门山景区官方抖音账号有关极限运动的视频播放量

标题	时间	来源	阅读量（人次）
翼装飞行天门山	2021.06.23	天门山景区官方抖音号	1925
You are limited only by your imagination	2021.06.20	天门山景区官方抖音号	7207

---

[1]　肖成菊 . 从天门山旅游的火爆探析新闻宣传的策略 [J]. 中国地市报人，2018(11):60-62.

标题	时间	来源	阅读量（人次）
当999级天梯变身速降赛道，睁着眼看到最后算你牛	2021.06.14	天门山景区官方抖音号	6546
99弯魔鬼赛道，1100米垂直落差，骑行天路风驰云走，这一刻，骑士圆梦	2020.10.27	天门山景区官方抖音号	3355
他没穿翼装就跳了，吓死宝宝了	2019.11.15	天门山景区官方抖音号	8947
惊声尖叫 特技滑翔伞世界冠军天门洞前无动力翻筋斗	2019.06.30	天门山景区官方抖音号	5218

表4　天门山景区官方微博账号有关极限运动的部分视频播放量（不含转发视频）

标题	时间	来源	阅读量（人次）
我！张树鹏！9月20日！挑战翼装飞行穿越天门 等你！来现场见证传奇	2021.09.15	天门山景区官方微博	14.5万
99弯漂移女孩、高空扁带舞者、女翼装飞行员……谁是你心中最飒的天门山女神？	2021.03.08	天门山景区官方微博	12.3万
翼装飞行、喷气人、高空悬崖走扁带、山地车俯冲999级天梯……你想要的最心跳的天门山传奇时刻，都在这里	2020.01.13	天门山景区官方微博	4万
听声音猜速度！11月14日 张家界天门山上演科幻大片场景，世界著名喷气翼飞行团队上演了"喷气人"在中国的精彩首秀	2019.11.15	天门山景区官方微博	2.7万
摩托车骑上999级天梯	2019.11.13	天门山景区官方微博	2.5万
2019天门山WWL翼装飞行世锦赛	2019.09.07	天门山景区官方微博	3.2万
天门山动力伞特技国际大师赛	2019.06.30	天门山景区官方微博	2.7万
天门山动力伞特技国际大师赛	2019.06.28	天门山景区官方微博	11.1万
超惊险！动力伞捕获翼装	2019.06.27	天门山景区官方微博	7.3万

资料、数据来源：笔者根据公开资料整理而成。

　　最后，天门山景区利用纪录片等形式，循环播放，收获长期宣传效果。2013年，美媒买断"翼装飞行穿越天门山纪录片"并从当年11月起在全球热播，天津国际频道2014年打造翼装飞行纪录片《飞翔的魔力》，2014年中国影片介绍天门山翼装飞行参与班夫山地电影节世界巡展。以电影、纪录片等形式的宣传不仅使全球亿万观众领略了极限运动的神奇和精彩，也使得天门山景区的品牌影响力进一步扩大。

三、天门山景区开展极限运动创意营销的劣势

（一）有一定的风险性

如前文所述，天门洞这一自然景观在全球仅有一例，具有非常高的观赏价值。但目前大部分的极限运动均是围绕天门洞这一景观开展的。天门山景区属于喀斯特地貌，常有落石，此外天门洞较窄，飞行穿洞而过时会引起山体的振动产生危险。2006 年天门山拟组织飞行特技表演赛，因考虑到这一因素，最后不得不取消该赛事。

（二）极限运动营销有一定的滞后性

极限运动营销是一项小众人员参与且风险性极高的活动，运动的赛事不是在某一固定的场所进行，而是一个多场景运动的过程，从观赏性来说，电视转播的体验要好于现场。所以游客并不会在活动组织时到达现场，而需要经历"活动宣传—活动组织—活动观看—持续话题讨论"这一系列过程后，游客才会产生前往目的地的行为。故极限运动的组织在当年未必能引起明显的经济效益的提升，而需要在更长的时间段来观察活动的价值。

四、天门山景区开展极限运动创意营销的机会

（一）短期内，同类竞争项目不多

虽然目前有很多景区开展了类似的极限运动项目，如广西桂林月亮山是阳朔攀岩胜地的一颗"明珠"、河南新乡万仙山是中国第一个国家级攀岩公园、澳门的蹦极塔、北京莽山的高空滑翔、神农架的野外生存等，张家界周边省市也有极限运动项目，如吉首矮寨高空滑翔伞、张家界大峡谷景区高空蹦极、郴州五盖山极限乐园滑雪场、攀岩、飞拉达、山地自行车等户外极限运动，但是这些景区大部分能组织的极限运动项目较为单一，极限运动的参与者基本是个人，在规模上有一定的局限性。

目前国内较有名的山岳型景区营销重点并不在极限运动上。例如，黄山景区在体育活动赛事方面开展了中国黄山国际登山大会、黄山国际山地马拉松大赛、中国黄山国际山地自行车节、黄山论剑·国际武术大赛等均是以体育活动为主体，宣传黄山的自然风光；武当山以"太极故乡""天下太极出武当"为营销重点，近年来重点在于发展武当山的康养项目；峨眉山则将重点放在四季产品、武术文化产品、茶旅融合产品等，提升"峨眉山"品牌的核心竞争力。因此，和国内较为知名的山岳型景区相比，天门山景区极限运动营销有自己独特的风格。

（二）极限运动与体育产业密不可分，国家大力促进体育旅游的发展

首先，国家层面先后出台了多个文件提倡发展体育旅游，2016年《"健康中国2030"规划纲要》[1]指出，要积极促进健康与养老、旅游、互联网等融合，催生健康新产业、新业态、新模式。根据《国务院办公厅关于进一步扩大旅游文化体育健康养老教育培训等领域消费的实施意见》（国办发〔2016〕85号）[2]，湖南省提出要结合旅游强省、文化强省的建设，大力推进体育与文化、旅游等相关产业融合发展，支持大湘西、风景名胜区等地重点打造一批精品体育文化旅游路线和体育文化创意项目，促进旅游跨界融合并积极发展体育新兴消费。

其次，我国体育旅游市场的潜力较大，有进一步提升的空间。根据中国旅游研究院与马蜂窝联合发布的《中国体育旅游消费大数据报告（2021）》[3]，疫情前体育旅游人数每年呈现出40%的增长率。随着常态化运动习惯的养成和体育旅游产业体系的逐渐完善，体育旅游人数将会越来越多。

极限运动也因装备贵，参与成本高等因素，从体育旅游到体育用品的优势将愈加明显。

（三）极限运动营销有效弥补了天门山景区淡季游客下降的问题

2012—2016年，翼装飞行运动在十月中旬举行，因气候的原因，活动组织效果不理想。张家界市属于中亚热带山原型季风性湿润气候，光热充足，

---

[1] 2016年10月25日由中共中央、国务院发布的《"健康中国2030"规划纲要》。

[2] 2016年11月28日由国务院办公厅发布的《关于进一步扩大旅游文化体育健康养老教育培训等领域消费的意见》。

[3] 2021年7月16日由中国旅游研究院和马蜂窝旅游发布的《中国体育旅游消费大数据报告（2021）》。

四季分明，雨量充沛。天门山山顶温度通常要比市内温度低 3℃~5℃。每年的 10 月中旬过后，张家界温度开始下降，山上雾大且路滑，对游客的观赏及体验均造成了一定的影响。张家界市旅游市场自 11 月起进入淡季，活动在本年度带动的流量有限。自 2017 年起将活动放在 9 月举行，景区刚刚经历了 7 月和 8 月暑假旺季，9 月游客量相对平稳，利用 9 月组织活动，又为即将到来的黄金十月进行预热，自调整活动日期后，2017—2019 年的 11—12 月游客人数均有所增长（见图 1）。

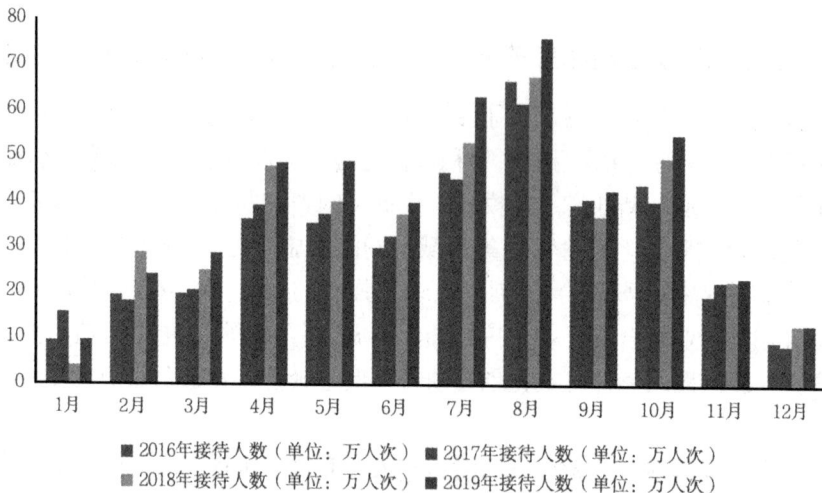

图 1　2016—2019 年天门山景区每月游客接待量

数据来源：天门山景区。

五、天门山景区开展极限运动创意营销的威胁

天门山景区开展极限运动创意营销最大的威胁来自 2019 年年底暴发的新冠疫情。目前大部分的极限运动赛事由国外机构组织，大部分选手也来自国外。因为疫情的反复影响，出入境受到严格的管控，国外选手和机构的组织人员无法正常入境，入境后的隔离费用也使活动成本上升。而国内大规模聚集的活动也存在疫情防控的风险，对于举办大规模的活动赛事也会更加慎重。所以，自疫情暴发以来，2020—2021 年天门山景区几乎没有举办任何

活动，相关赛事中断的时间越长，越会淡化天门山景区长期以来打造的"传奇、震撼、不可思议"等品牌特征。

六、解决方案

（一）天门山景区可打造成为极限运动训练基地

在极限运动赛事无法正常开展的情况下，天门山景区可积极联系国内极限运动协会或其他组织，将部分活动的训练场地设置在天门山景区。例如，"中国翼装飞行第一人"张树鹏在天门山开展翼装飞行训练 1000 多次，11 月 16 日他在抖音上发布的训练视频就有 14.5 万的点赞量并得到了大量的转发，引起了较多人的关注。

天门山景区可以自己独特的自然优势和建设设施，将 99 道弯公路设置为极限轮滑的训练场地，将 999 级天梯设为跑酷比赛的训练场地，以天门洞为背景，在天门洞广场开展长板、极限热舞等训练活动，这都将成为天门山景区新的风景线！

（二）开发更多的极限运动与旅游融合的衍生品

很多人认为极限运动游客参与率低，但是随着科学技术的发展，即使游客不站在飞行台上起跳，也能感受到飞行的刺激。根据国家统计局、国家体育总局颁发的《体育及相关产业分类（试行）》[1]，体育产业共有 11 个大类，其中有一个重要的产业就是互联网游戏服务。天门山景区可将极限运动融入科技元素，丰富旅游产品，如将具有代表性的极限运动如"翼装飞行"项目设计为游戏情节，利用 VR 虚拟技术给游客以环境的沉浸感，让游客感受到穿越天门山洞的心跳。

（三）将门票与极限运动进行打包，设计天门山"极限运动"路线

在极限运动举办期间，将景区门票、活动观赏、专业体育导游讲解、运动饮食以及和运动员近距离接触等项目进行融合打包，以套票的形式出售，让游客不再局限于自然观光、走马观花，而是能深入到景区和极限运动中，增强对极限运动相关知识的了解。

---

[1] 2008 年 7 月 28 日由国家统计局国家体育总局发布的《体育及相关产业分类（试行）》。

经过近 16 年的培育和发展,天门山景区和极限运动彼此成就,共同发展。因为天门山景区,国内越来越多的人开始了解翼装飞行、跑酷大赛、动力伞特技比赛等原本较小众的极限运动,也让更多的人产生了对极限运动的热爱。极限运动让天门山景区的知名度大幅度提升,不断增加的游客人数是极限运动促推天门山景区营销的最好见证!

案例教学使用说明

一、教学目的与用途

(1)适用课程:本案例适用于旅游管理课程和市场营销、品牌管理类课程。

(2)适用对象:本案例的教学对象是 MTA 课程学员。

(3)教学目的:学生通过对天门山景区极限运动的组织,打造天门山"传奇"的品牌建设案例的学习,能在竞争激烈的旅游市场中进行差异化的品牌定位和营销模式的创新,提高品牌管理及策划与运营的能力,更好地将理论与实践结合,对旅游企业的运营有更深入地思考。

二、启发思考题

(1)天门山景区以极限运动进行营销,这一方式是否可以被其他景区复制?

(2)新西兰皇后镇不仅是世界顶级的度假胜地,也是世界公认的"户外运动的天堂",新西兰皇后镇有哪些可借鉴的经验?

(3)请找一家你熟悉的景区,对这家景区进行 SWOT 分析,分析这家景区是否可以做运动营销?

三、分析思路

教师根据自己的教学目的来灵活地使用本案例。案例中涉及的问题多数是开放性的，这里仅提供案例相关问题的参考分析思路。

（1）分析天门山景区以极限运动进行运动营销的特点，从运动营销的定义和开展方式等方面，分析此类景区开展极限运动的优势、劣势和发展前景。

（2）分析新西兰皇后镇发展极限运动的过程和特点，提炼其优势。

（3）将以上所学的理论知识用于一个具体的实践案例。

四、理论依据与分析

（一）运动营销

运动营销是企业通过事物、资金等手段，同体育组织、项目、活动等建立某种联系，获得相应名义及权利，进而应用广告、公关、促销等手段围绕品牌定位进行整合传播，建立独特的品牌联想，有目的地进行营销策略的实施。目前常见的运动营销的方式有赞助大规模体育赛事和专业赛事，借助体育明星代言，借助运动事件造势，挖掘运动的空间价值，针对目标消费者进行运动化价值观的营销概念开发等。

（二）SWOT 分析 [1]

SWOT 分 析 即 优 势（Strength）、 劣 势（Weakness）、 机 会（Opportunity）和威胁（Threat）分析，从根本意义上说是一个决策过程即态势分析。就是将与研究对象密切相关的各种主要内部优势、劣势和外部的机会和威胁等，通过调查列举出来，并依照矩阵形式排列，然后用系统分析的思想，把各种因素相互匹配起来加以分析，从中得出一系列相应的结论，该结论通常带有一定的决策性。

五、背景信息

直升机停在距地面垂直高度 760 米的空中，在整理好自己的一袭黑

---

[1] Heinz Weihrich, The SWOT matrix—A tool for situational analysis[J].Long Range Planning, 1982, 15（2）：54–66.

色翼装并闭上眼沉思了几秒钟后，随着一句轻快的"See guys！"杰布张开翅膀纵身跳下，10 秒钟后他便飞至天门洞口。几乎就是一瞬，杰布黑色的身影如穿针引线般成功穿越了世界上海拔最高的天然溶洞——张家界天门洞。

2011 年 9 月 24 日天门山"翼装飞行穿越天门"活动上的这一幕让人印象深刻。当天，全球最负盛名的超胆飞侠杰布·科利斯成功穿越天门洞，创造了人类无动力飞行史上又一纪录。同时，还有来自四个国家各具传奇经历的 7 位翼装飞人进行了精彩绝伦的飞行表演。

位于张家界的天门山因奇绝险峻的资源特征，近几年一直以事件营销为宣传利器，连续举办各种"不可思议的极限挑战活动"来创造新闻事件，吸引了公众关注。通过这些活动，天门山知名度得以快速提高的同时，公众也及时了解到天门山的资源特点，天门山对旅游市场产生越来越强大的吸引力。

天门山景区位于张家界市区城南，是张家界第二个国家森林公园，为喀斯特高山台地地貌。天门山景区因地形险绝而开发难度极大，自 2002 年才开始进行全面的开发建设。2005 年 9 月天门山索道竣工开通运营，天门山向世人揭开神秘面纱，成为张家界山水观光产品新的组成部分，也是武陵源风景区以外的另一个大型景区。

但是由于种种原因，张家界面对旅游客源市场一直处于高知名度低认知度的状态。旅游消费者对张家界旅游产品的构成情况缺乏了解，对张家界地域内的景区、景点、景观之间的从属关系、重要程度、特征差异、空间位置、购买方式等重要信息也是一头雾水。

这使得天门山在张家界作为新进入市场的旅游产品，面临着自身知名度及市场认知度极低等难题。在一个信息爆炸时代，旅游地品牌形象如何迅速植入消费者内心，激发其旅游欲望，如何以更少的资金达到更大的宣传效果也是包括天门山在内的大多数旅游目的地和景区不得不面临的共同考题。

基于此，天门山自建设开发期开始，就立足于了解旅游市场规律并准确把握游客消费心理，邀请有丰富实践经验的旅游专业人士全面介入景区总体规划、景点项目策划等工作。

"旅游营销是需要长期战略规划的系统工程，不是靠临时几个点子、几个创意就能解决根本问题"，张家界天门山旅游股份有限公司副总经理田林辉认为，旅游营销不仅仅是吸引眼球提高知名度，产品方案和品牌战略的规划是基础。

天门山景区在经过深入思考和调研后，对市场需求和竞争环境及自身资源条件有着极为全面并清醒的认识，利用更少的资金代价，通过创意性的事件营销活动聚焦公众眼球，吸引媒体广泛传播，借活动过程呈现天门山的资源特点被确定为天门山品牌形象传播的重要策略。

早在 1999 年，张家界政府主办的"飞机穿越天门"就在当时引起巨大轰动，天门洞一时名扬天下。当时这个活动的巨大影响力和其中的精神内涵被贯彻到天门山之后的营销活动中，即以"不可思议的极限挑战"为主要活动形式，以巨大悬念为惊爆点的事件营销活动的发端和基础。换言之，创意是天门山一系列事件活动的灵魂。

围绕这一思路，天门山这些年中相继推出了一系列卓有成效的事件营销：1999 世界特技飞行大赛、2006 俄罗斯空军张家界天门山飞行表演、2007 法国蜘蛛人徒手攀爬天门洞自然岩壁、2010 中瑞高空王子挑战天门山索道、2011 "冰冻活人"挑战天门山极寒……

文章开头的一幕就是天门山于 2011 年 9 月 24 日举行的"翼装飞行穿越天门"挑战活动中的惊险一幕。这次活动是天门山事件营销活动的一个高潮，堪称近年来旅游事件营销的登峰造极之作，获评"2010—2011 中国最具影响力的十大旅游营销事件奖"。

在田林辉看来，天门山这些重大活动一直努力保持以下特点：活动内容一定包含巨大悬念，生死成败成为公众关注热点；活动过程精彩无比、扣人心弦，内涵丰富，审美价值极高；挑战方式前所未有，独创新颖，几乎不可复制；与天门山资源条件紧密结合完美呈现景区产品卖点。"连续的创意事件营销活动是天门山在短短几年内成为我国知名景区的重要因素。"田林辉说。

资料来源：天门山：旅游创意 [EB/0L].经济观察网，2012-07-20.

六、关键点

（1）了解事件营销的特点与原理。

（2）了解旅游形象营销策略。

（3）能运用以上理论进行实践。

七、教学安排建议

本案例教学可以作为专门的案例讨论课来进行，以下是按照时间进度提供的课堂计划建议，仅供参考。

整个案例课的课堂时间控制在 90 分钟。

课前计划：提出启发思考题，请学员在课前完成阅读和初步思考。

课中计划：简要的课堂前言，明确主题（5 分钟）

（1）分组讨论，告知发言要求（30 分钟）。

（2）小组发言（每组 5 分钟，控制在 30 分钟）。

（3）引导全班进一步讨论，并进行归纳总结（25 分钟）。

课后计划：请学员以小组为单位，写出具体的学习案例报告。

参考文献

1.肖成菊.从天门山旅游的火爆探析新闻宣传的策略 [J].中国地市报人，2018（11）：60-62.

2.黄国权.旅游与体育赛事——黄山与现代体育之缘 [J].体育风尚，2021（2）：249-250.

3.李杉，邓嘉.运动营销在推动三人篮球赛的作用 [J].成都大学学报（自然科学版），2006（3）：226-228.

4.肖明超.运动经济的营销观 [J].中国中小企业，2005（3）：30-31.

5.申彧.SWOT 分析法的应用进展及展望 [J].知识经济，2009（9）：76.

"微度假"民宿投资开发研究——以张家界五号山谷为例 [1]

粟 娟 邹书问 [2]

内容提要： 在新文旅背景下，旅游与各产业的融合发展可谓势不可当，近几年来，张家界民宿异军突起，成为张家界文化旅游行业的亮丽名片和全国行业学习的标杆。本案例通过旅游投资与财务管理课程中的三链坐标分析法，对张家界五号山谷民宿投资开发进行研究，探索"微度假"民宿旅游投资成功道路，助力民宿行业在后疫情时代继续蓬勃发展。

关键字： 民宿投资；旅游开发；张家界

---

[1] 本案例由吉首大学旅游学院粟娟教授、吉首大学研究生邹书问共同编写，案例资料主要来源于对企业实地调研、相关统计数据及公开信息资料。作者拥有著作权中的署名权、修改权、改编权。由于企业保密的要求，在本案例中对有关名称、数据等做了必要的掩饰性处理。本案例只供课堂讨论之用，并无意暗示或说明某种管理行为是否有效。

[2] 作者简介：粟娟（1973—），女，侗族，湖南芷江人，吉首大学旅游学院教授，经济学博士，硕士生导师；研究方向为旅游投资与财务管理。邹书问，女，吉首大学硕士研究生；研究方向为旅游经济。

一、案例简介

五号山谷作为"全球十大'必睡'民宿",隐匿于距武陵源风景名胜核心景区 2 千米处的幽静山谷中。客栈虽然深居大山,却是山外尽晓。说其是武陵源乃至张家界客栈的一张主打名片一点也不为过。这里森林覆盖率达95%,山谷附近处处皆景,谷中一年四季青翠,凉爽宜人,烟霞缭绕。百鸟唧唧,百花齐放,白鹤自由飞翔,有良田美池桑竹之属,阡陌交通,鸡犬相闻,似身临桃花源,因此五号山谷被誉为张家界"最美的客栈"。客栈由谷主和当地设计师一起设计,在百年土家族老屋上重新翻修,改造而成;在最大程度地保持原有传统土家乡村特色的同时,融入舒适的现代元素。客房的一砖一石,一木一土,皆取材于当地。每间房屋都尽量与自然贴近、融合。窗外有竹林、蝶舞,远处有荷塘、蛙鸣,居于其中,如置身于会呼吸的房屋,通透且惬意,又如回到家乡的土屋,温暖而安心。山谷中处处是美景和良田,时令野果生长其间,非常适合徒步行走。盛夏可以去山间的小溪游泳,犀牛潭水清澈透底,是孩子和小动物嬉戏的乐园。客栈的鱼塘可以免费垂钓,荷花迎客绽放,鱼塘鳞光闪闪,林间的烧烤亭与自然完美结合,野趣横生,是家人一起休闲度假的好去处。在这里,没有喧嚣,没有尘埃,只有百鸟的清脆,空气中弥漫着嫩草与泥土芬芳甜润的气息。在这里,可以在兰亭中纳凉,在池塘边休憩,也可以什么也不想,什么也不做,暗暗地享受这山谷的静美,浮生偷闲。

二、投资目的

谷主陈子墨创建民宿的初衷及动因是父母与其共同在北京生活的八年里,生活充满了幸福与烦恼,语言、环境及圈子的不适应,以及土家人固有的"叶落归根""入土为安"思想,使得他们决定回到老家去。顺从即孝,经过一番考虑,陈子墨最终决定回家陪伴父母,让父母安享晚年,同时把历经时间洗涤却残破的老屋装修成客栈,这样既陪伴了父母,又不至于使自己因没有工作而无聊度日。

三、产品设计

五号山谷的名字,取得也很直接。山谷过去叫"西峪",是中湖乡的一个生产小组。峪就是有水的山谷。因为从进中湖隧道过来还有鱼泉峪、石河峪等其他四个山谷，故取作"五号山谷"。起初刚做时只是一家有9间房的小客栈。经过多年的发展现在已经能提供多种房型。五个错落有致的主题民宿，不是结合周边环境被命名为"月亮田""荷塘""空中果园"，就是根据民宿老宅的来源被命名为"老屋""干妈家"。从民宿的名字里便能感受到质朴的亲近感，瞬间拉近了远方客人与民宿的距离。

四、设计理念

五号山谷既最大限度地保留了传统土家乡村特色，又融入了舒适的现代生活配置,是当地第一家秉承环保理念设计的民宿客栈。谷主对旧屋的改造，地方原生态是底色，践行"保留原生态，改变原状态"的理念。改造融合当地建筑特点，老木料与原始夯土墙体结合，体现在地文化的韵味，用现代的玻璃，让空间和自然融为一体。不砍树，不挖山。不难发现，哪怕是木台阶正中间夹缝的小树苗，也被保护下来。谷主强调打造五号山谷的时候，他们不允许的做法有几点：第一，不准用挖土机；第二，不准砍树木；第三，不做假山；第四，不做草皮；第五，不改变山体的原貌。他们认为山才是主体，一切建筑只是山的一部分，这就是中国集大成者的天人合一，山才是民宿的主题，民宿的任何建筑，必为山的一个组成部分。

五、体验活动

五号山谷不仅具有无边泳池、书吧、手工DIY、音乐晚会、瑜伽美体、山谷骑行、星空影院等休闲活动，还会根据季节变化把农业观光、农业体验相结合，开展丰富多彩的农旅民俗体验活动，如果蔬采摘、稻谷收割、小溪探险、稻田拔河、踩水抓鱼、亲子农耕、儿童纺织、草帽画、打糍粑、篝火晚会等配套体验活动，让住客亲近自然，享受一日农夫的田园生活，感受民俗文化，体验乡村旅游乐趣。游客愿意为景观和体验付费，这也正逐渐成为乡村经济新的增长点。

六、营销对象

过去是风景在哪里，民宿就在哪里，五号山谷则是让民宿在哪里，风景就在哪里。五号山谷起初也是依赖于张家界景区的门票游客，经过不断的宣传营销，其销售对象已经不完全依附于景区游客了，"为一张床，赴一座城"，很多游客并不是来张家界森林公园观光旅游，而是专程来五号山谷度假旅游。疫情期间，景区游客大大减少，很多价位低的低端民宿缺少了客源，纷纷倒闭。五号山谷积极调整、升级改造，2021 年"五一"小长假，周边自助游、乡村游热度高涨，张家界特色乡村民宿（客栈）入住率高达 98%[1]，五号山谷预定连续三个月周末满房。受疫情影响一度沉寂的五号山谷为假期旅游带来更多体验，成为众多游客远离人群集中地、静心休闲的新晋网红打卡点。

案例教学使用说明

一、教学目的与用途

此案例适用于旅游投资与财务管理课程教学，适用对象为 MTA 学生。从旅游投资的角度来分析，案例全面综合展示出项目开发过程，系统解决锁定资源、定位主题与市场、设计并形成产品、制定营销战略，清晰地构建盈利模式。通过教学可以为民宿项目投资者提供开发项目和整体的运作方案，为现有民宿的经营、扩张提供诊断，寻找新的提升改造方案。

二、启发思考题

近年来，随着消费理念的不断升级，消费者对旅游住宿的需求越来越多样化，民宿也就越来越流行。然而，随着民宿产业的逐步发展，同质化竞争、缺乏个性和特色已经成为当前民宿产业的真实写照。通过此

---

[1]　数据来源于公开资料。

案例的学习同学们需要思考：

（1）在网红城市同质化民宿泛滥的背景下，如何进行投资打造高端网红民宿？

（2）如何将范围内的民宿打造成"微度假"民宿集群？

（3）在后疫情时代，民宿该如何寻找出路？

三、分析思路

旅游投资分析的总体思路是全面综合地研究旅游项目开发，系统解决锁定资源、定位主题与市场、设计并形成产品、制定营销战略，清晰建构盈利模式。此案例可利用旅游投资与财务管理这门课程中的旅游投资分析法进行分析，通过三链坐标分析法的三个维度对张家界五号山谷进行投资分析，即产业价值链、旅游运作链、产业联动链（见图1）。

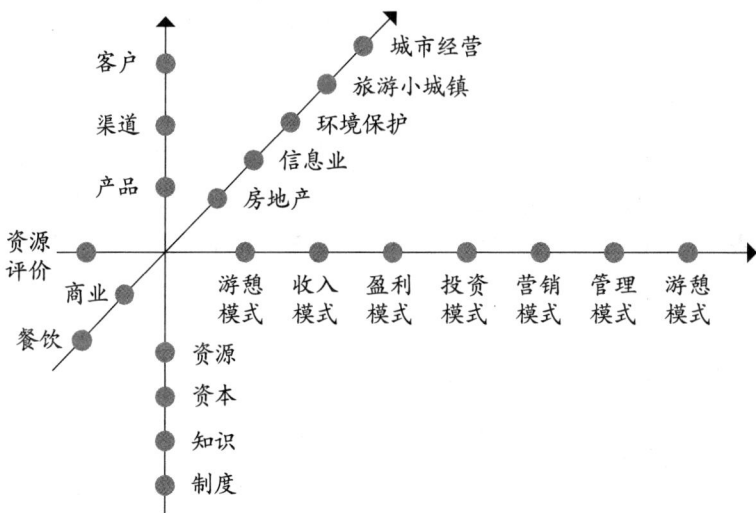

图1 张家界五号山谷的三链坐标

四、理论依据与分析

（一）理论依据

此案例运用到的理论依据主要有以下四种。

1. 旅游投资

旅游投资有着很强的专业性，不但需要专业的投资技术，还要有相当的旅游项目方面的专业经验。成功的旅游投资要求从事旅游投资的投资者对项目有着很全面的认识，对旅游投资中的每个环节都有清晰的概念。

2. 价值链理论

价值链概念是由哈佛商学院教授迈克尔·波特（Michael Porter）1985 年在《竞争优势》（*Competitive Advantage*）一书[1] 中提出的。他认为，"每一个企业都是在设计、生产、销售、发送和辅助其产品的过程中进行种种活动的集合体。所有这些活动可以用一个价值链来表明"。这个价值链也是指一个企业的价值链或内部价值链。产业链是产业经济学中的一个概念，是各个产业部门之间基于一定的技术经济关联，并依据特定的逻辑关系和时空布局关系客观形成的链条式关联关系形态[2]。

3. 旅游产品理论

旅游产品是旅游生产者和经营者为满足旅游者的旅游需求，对自然或人文旅游资源等原材料进行设计、开发并添加各种设施和服务而形成的综合性产品[3]，其核心是经过开发的旅游资源即旅游景点、景区或旅游事项。

4. 体验旅游

旅游体验是旅游个体通过与外部世界取得联系，从而改变并调整其心理状态结构的过程[4]，是在旅游中借助观赏、交往、模仿和消费等活动形式实现的一个时序过程。旅游体验过程是一个连续系统，由一个个有特色和专门意义的情境串联组合而成，构成一个有别于人们日常生活

---

[1]　Michael E. Porter, Competitive Advantage[M].New York： The Free Press，1985.

[2]　游振华，李艳军. 产业链概念及其形成动力因素浅析 [J]. 华东经济管理 ,2011,25(01):100-103.

[3]　林南枝，陶汉军. 旅游经济学 [M]. 天津：南开大学出版社 ,1994:35-36.

[4]　赵刘，程琦，周武忠. 现象学视角下旅游体验的本体描述与意向构造 [J]. 旅游学刊 ,2013,28(10):97-106.

的另类行为环境。旅游期望是旅游体验过程中旅游体验质量的标尺[1]。旅游体验的类型除了娱乐、教育、逃避、审美，还有移情。为了给游客塑造舒畅而独特的旅游体验，应遵循差异性、参与性、真实性和挑战性的原则塑造旅游产品。

（二）案例分析

第一维度：产业价值链

产业价值链勾勒出产业各环节中价值分布状况。旅游业的价值链基本包括资源、产品、渠道、客户等四个环节[2]。从资源到客户再回到资源，每经过一个环节的打造，价值链的价值增加，并由客户实现其最终价值。销售人气增加，使得渠道、产品、资本等加大投入，价值链的价值进一步增加。

1. 资源模式

目前的法律法规都是从资源保护的角度制定，为资源的开发设置了屏障，其隐含的一个假设就是私人开发公共产品一定只为了盈利而不会保护环境。五号山谷对旧屋的改造，以地方原生态为底色，践行了"保留原生态，改变原状态"的理念。谷主的改造，融合当地建筑特点，老木料与原始夯土墙体结合，体现在地文化的韵味，用现代的玻璃，让空间和自然融为一体。不砍树，不挖山，哪怕是木台阶正中间夹缝中的小树苗，也被保护下来。不难发现，五号山谷对资源的开发并没有造成生态破坏，反倒能履行保护责任。

2. 产品模式

旅游产品打造，首先在于吸引力打造和可进入性打造。吸引力构成游客的出游驱动力，可进入性降低游客的成本，加强了产品的吸引

---

[1] 黄潇婷.基于时空路径的旅游情感体验过程研究——以香港海洋公园为例[J].旅游学刊，2015，30（6）：39-45.

[2] 刘亭立.旅游价值链研究综述：回顾与展望[J].旅游学刊，2013，28（2）：60-66.

力[1]。其次是设施完备和环境的适宜,增加游客停驻时间,提高旅游的总体消费。旅游业发展初期观光产品的价值更大,随着游客的选择广度和深度的提升,价值逐步由观光产品向度假休闲产品转移[2]。从资源环节到产品环节是产品开发阶段,从产品到客户环节为产品提升阶段。其可能采用的商品模式为:产品—品牌、产品—金字塔组合、产品—拳头产品、产品趋同、产品—解决方案等。

(1)品牌

民宿竞争日趋激烈,游客可选择的机会增加,同类产品有品牌的游客量大,享受的溢价多。从成立之初到现在,短短几年,张家界网红民宿五号山谷继续打造名牌民宿,相继建设了长沙五号山谷隐世民宿、鹤壁五号山谷高端民宿。每次的规划建设都围绕丰富的自然资源、人文资源,紧扣品牌基础建设的理念。

(2)解决方案

该模式不是简单为游客提供产品,而是为游客设计一套特殊的体验。五号山谷民宿最大的亮点就是体验,其建设的空间布局,是一个黄金比例,这个比例用时间观念算,一个人只有 8 小时睡在床上,黄金时间再多也是 8 小时。那么其他的时间在哪里?一定在户外或者公共空间里,所以五号山谷的建筑基本上是按这个规划的,2/3 的公共面积,1/3 才是住房。公共媒介包括酒吧、无边游泳池、回廊、梯田栈道、茶亭等,抚琴烹茶、农田耕种、小溪探险、瑜伽美体、亲子活动、篝火晚会各类型的体验活动,让游客避开人潮,住进山谷,和自然牵手,把生活过到极致。

3. 渠道模式

旅游的渠道模式如下:

①旅行代理商:地理多元化的最佳工具。

②旅游批发商:组合旅游产品,通常包括住宿和交通运输,就餐和娱乐等。

[1] 王海鸿. 旅游吸引力分析及理论模型 [J]. 科学·经济·社会,2003(4):44-47.

[2] 顾兴全. 基于资源观点(RBV)的体育旅游开发研究——以浙江安吉江南天池滑雪旅游开发为例 [J]. 北京体育大学学报,2011,349(3):42-44.

③专营机构。

④饭店销售代表。

⑤政府旅游协会，向市场提供信息，在全国或更大范围内促销旅游业。

⑥行业公会。

⑦预订系统。

⑧全球分销系统。

⑨互联网。

随着旅游产业的日趋成熟，旅游产品的销售渠道日益增多，五号山谷利用互联网渠道模式，通过微信公众号、微博、抖音进行短视频营销推广。相对于其他的推广方式，自媒体推广是一种性价比较高的方式。如今，五号山谷抖音公众号粉丝已达到 9.9 万人，获赞 83.4 万次，张家界五号山谷度假民居已达到 193 万播放量，其短视频也在不断更新，保持热度。

第二维度：旅游开发运作链

旅游开发运作链为投资者预演了整个开发运作过程中必须面对的环节，不同项目的条件和环境在每个环节会有不同模式。旅游开发运作链的环节有资源市场评价、游憩模式、收入模式、盈利模式、投资模式、融资模式、营销模式、管理模式等（见图 2）[1]。由于旅游业的专业性，每个环节对知识及人力的水平要求都很高，其中任一环节的创新突破都能使旅游开发链发展水平达到一个新的高度。旅游业目前所处的成长阶段体现在资源市场评价不规范、游憩模式设计滞后，收入模式、盈利模式开始由单一走向综合，投资模式开始多样化，融资模式较为单一，营销模式进入发展阶段，管理模式滞后，等等。

---

[1] 卢福营，张铭玮，卢晶晶.村落文化旅游开发中的共同体再造——基于浙江省清漾村的调查 [J].浙江社会科学，2022，（10）：83-91+157-158.

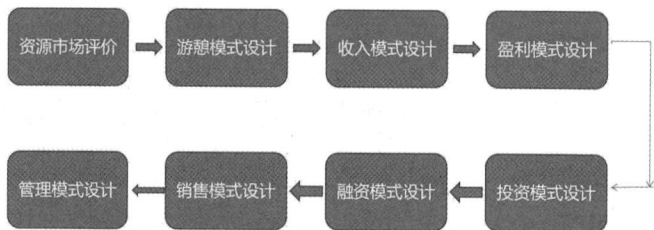

图 2　旅游开发运作链

1. 资源市场评价

有的地区资源很丰富，但以可盈利的旅游产品的评价标准来看，产品的打造难度很大，投资价值较低。就五号山谷而言，开发前房屋都是闲置的，若是以旅游产品的评价标准来看，其资源的价值极低。谷主陈子墨正是拥有了极高的项目创意策划能力，打造了欧式的壁炉、西式的吧台、错落别致的照片墙，将中西合璧发挥到了极致。古朴静谧是五号山谷主题风格，也是受国内外高端游客喜欢的主要原因，使得五号山谷最终成为可盈利的产品。从市场角度来说，五号山谷这样个性化旅游休闲的需求量一定会越来越大。在以前观光旅游时期，住宿只是行业的配置，而在休闲度假的深度旅游时代，住宿将成为体验主体。

2. 游憩模式设计

旅游过程中的游憩活动包括食、住、行、游、娱、购、体、疗、学、悟。从游客行为活动的特征来看，观赏、娱乐、疗养是最纯粹的游憩活动；修学、感悟是过程中的精神活动；运输、住宿、饮食、购物既是满足基本生理需要的基础服务，又是旅途生活中可以形成兴奋点与愉悦性的游憩内容，人们在进行这些活动时往往带有享受和休闲的性质。五号山谷游憩方式设计，首先要对其核心房间进行设计，设计风格也是土家族文化遗产的一种传承。房间把自然之美与奢华设计完美结合，游客可以在阳台上瞭望峡谷和白鹭，也可以在阳台上享受"天浴"，又或者是在童话般的土家小屋里喝香浓的茶。再按照观赏、娱乐、运动、疗养、修学、感悟等不同类型，单独或综合交叉地进行具体设计。在五号山谷你可以观荷、听雨、遥望星空，也可以小溪探险、河水抓鱼，你可以山谷旅修、疗愈身心，也可以山谷骑行、池塘垂钓，同时还能吃到当季农家菜。五号山谷的游憩模式的设计是非常成功的，无论是体验还是氛围可以称得上"民宿天花板"。

3. 收入模式设计

游憩模式设计完成了产品设计，接着是收入模式设计环节，需要确定收入点、收入方式、价格水平。合理的收入模式设计能引导消费流，充分挖掘游客的多样需求，诱导游客消费，使得投资项目的收入最大化。收入模式可以灵活多样，根据经营实际、客流变化和营销需要进行调整。同时要根据设计好的收入模式做现金流路径分析，根据合理性评价和调整模式的设计。张家界五号山谷属于休闲旅游收入模式，休闲不同于观赏，在于游客不是来寻找新奇特的景观或文化，而是放松身心。自然景观优美，文化氛围优雅，五号山谷收入主导模式是以民宿为主导的综合收入模式，除了房费，其休闲项目由吃、玩两方面收入构成。

4. 盈利模式

盈利模式体现为整个项目的利润构成，各部分利润怎样形成。存在收入不一定就有盈利，高收入点不一定盈利价值就高。张家界五号山谷收入主要体现为经营收入，同时五号山谷品牌价值的提升也是一种盈利。价值逐渐从有形资产向无形资产延伸，这都是五号山谷成为网红民宿，成功吸引大量游客所带来的。五号山谷在盈利模式下充分挖掘各种盈利的可能性，通过住宿打造环境，带来人流，通过销售周边文创产品、增值服务再次盈利。

5. 投资模式

对旅游开发投资中的隐性成本和收益应周全考虑，如环境保护、安全、消防、地质、气候、文物保护、社会适宜性、投资环境、政府政策都可能会导致开发成本的激增，使得整个投资不具效益。因此，对隐性成本和收益的评价实际应纳入整个投资模式设计过程中。投资模式的要素包括对项目的投资总额、投资结构、投资分期、投资方式等方面的设计。

五号山谷从投资总额来说，自 2012 年开建来看，根据市场分析，游客对于民宿度假消费的比例不高，初期只是利用自己的老房开始改造，房间只有九间，虽然每间房间成本较高，但投资额并不是特别庞大。其投资结构主要是以民宿加周边设施为主，由于很多是天然存在的，初期配套设施建设消耗占比不高。"五号山谷"以独特的房屋入股模式，带动了当地十多户村民脱贫致富，在"家门口"赚到了钱。初期投资开发的成功为后期的再投资奠定了基础，不断扩建，增加项目。五号山谷的一期投资非常成功，每期后续的项目资金投资更是锦上添花，后期又增加了别墅区、会议区等项目。从带动人气的角度进行投资，先是考虑民宿建设及配套设施建设，在一期带旺人气的基础上，继续完善设施，向吸引休闲度假游客进一步延伸。

6. 融资模式

常见的融资模式是银行信贷。项目信贷要求开发商自有资本投入 25% 以上，并使用土地使用权、相关建筑物的所有权、开发经营权、未来门票或其他收费权作为抵押或质押，向银行贷 75%。但由于银行尚无完善的对旅游资源开发进行贷款的金融工具，目前企业仅通过质押开发经营权、未来收费权的办法取得银行贷款。同时，开发商承担的经营风险相当大。

7. 营销模式

由于远距离营销和本地化销售特点，营销对旅游的融资、销售也尤为重要。营销贯穿整个开发经营过程，从资源开发到产品销售、招商等都应该有一套营销计划。通过市场营销运作手段，迅速打造品牌，带动该地的投资和销售。五号山谷通过各大网络媒体的短视频宣传，打造五号山谷网红品牌，带动其投资和人气。长沙五号山谷隐世民宿、鹤壁五号山谷高端民宿的发展就是很好的佐证。

8. 管理模式

旅游管理模式主要包括组织模式、人力资源模式和流程设计三部分。人力资源模式设计必须考虑人力资源需求、人力资源开发战略、培训计划、管理团队等要点，应随不同时期的发展做适当调整。张家界五号山谷的服务员都是周边的村民，谷主通过对他们进行专业的培训，不仅解决了她们的就业问题，也增加了住客的体验感。

第三维度：旅游产业链联动

产业联动链综合了旅游各个要素相关产业。游客的移动为旅游目的地的各行业带来了多层次的消费挖掘点，这使得旅游业有很强的渗透性和关联性，产业中各产品要素一旦放大就能与产业联动链上的各产业产生趋同，即产业之间的界限模糊，使得新的产业模式不断产生。加上旅游产业本身要素丰富多样，导致产业结构的分级形成多种形态，按其级次所含的深度和广度可归纳为五级模式：分离产业模式、多元产业模式、一体化产业模式、度假产业模式、产业整合模式。

产业的联动性体现在开发运作的不同环节上。张家界五号山谷的营销成功解决吸引客流的难题，而自然生态、社会人文环境的打造能解决让游客留驻的问题。环境打造的成功有很强的溢出效应，为其他产业带来很好的投资基础，吸引其他投资进入，投入不断增加将使得土地的价值增加，使得旅游目的地的价值增加；大量的客流为投资者提供了很好的盈利机会，使得招商变得容易；产业的繁荣为其他产业带来买单者，刺激其发展，将带来更多的就业机会，容易得到政府政策的支持，为融资带来便利。整个产业联动链与旅游开发运作链交织在一起在不同的环节当中起作用。

五、背景信息

近年来，张家界民宿行业蓬勃发展，已经成为张家界旅游住宿的重要组成部分，截至 2020 年，张家界开展经营活动的民宿有 1519 家，拥有床位数 3 万余张，可一次性接待客人 3 万多人，达到 1200 万人次 / 年的住宿消费市场份额 [1]。回顾民宿行业的发展过程，2013—2018 年，在

---

[1] 数据来源于张家界统计年鉴。

张家界开民宿还是"谁做谁赚钱"的生意，但是后来当地民宿业进行两次"大浪淘沙"。第一次发生在 2018 年，一批"热钱"催生下的民宿因为同质化、品质差，陆续被市场所淘汰；第二次发生在 2020 年，受疫情管控、游客数量下降等因素的影响，民宿很少能够盈亏平衡，依靠门票经济的小规模民宿无法维持经营，大部分在亏钱后选择退场，张家界民宿业已经开始萎缩。五号山谷在这样的大环境下，由于早已不再依靠门票资源，通过自身形成"微度假"景点旅游投资模式，在后疫情时代继续蓬勃发展。

六、关键点

此次案例分析中的关键要点是开发运作链的学习。开发运作链上的各个环节彼此关联制约，必须通盘考虑，前后论证合理，否则很难打造成功，发展受到很大制约。真正合理的开发运作使每个环节都能互相匹配和谐。

七、教学安排建议

可适当播放五号山谷相关宣传片，如大型文旅体验节目《民宿里的中国》，动态感受五号山谷的开发设计。同时建议师生可以去五号山谷进行调研，实地教学，增加感性认识。在相继建设的长沙五号山谷隐世民宿、鹤壁五号山谷高端民宿也是一开业就走红，五号山谷品牌的后续进展也值得进一步研究。

参考文献

1.Michael E. Porter,Competitive Advantage[M].New York : The Free Press,1985.
2.游振华，李艳军 . 产业链概念及其形成动力因素浅析 [J]. 华东经济管理，2011，25（1）：100-103.

3.林南枝，陶汉军.旅游经济学 [M].天津：南开大学出版社，1994：35-36.

4.赵刘，程琦，周武忠.现象学视角下旅游体验的本体描述与意向构造 [J].旅游学刊，2013，28（10）：97-106.

5.黄潇婷.基于时空路径的旅游情感体验过程研究——以香港海洋公园为例 [J].旅游学刊，2015，30（6）：39-45.

6.刘亭立.旅游价值链研究综述：回顾与展望 [J].旅游学刊，2013，28（2）：60-66.

7.王海鸿.旅游吸引力分析及理论模型 [J].科学·经济·社会，2003（4）：44-47.

8.顾兴全.基于资源观点（RBV）的体育旅游开发研究——以浙江安吉江南天池滑雪旅游开发为例 [J].北京体育大学学报，2011，34（3）：42-44.

9.卢福营，张铭玮，卢晶晶.村落文化旅游开发中的共同体再造——基于浙江省清漾村的调查 [J].浙江社会科学，2022（10）：83-91+157-158.

10.赵丽丽，张金山.移动互联新时代的旅游目的地形象塑造 [J].旅游学刊，2018，33（3）：10-12.

"除了阿妹你都能带走"——冲突在湘小伍感官营销中的妙用 [1]

覃　雯　刘　蕾　彭和刚　朱万璋 [2]

内容提要： VUCA（易变、不确定、复杂、模糊）时代，一切充满着不确定性。旅游消费者需求个性化、旅游营销传播方式多元化、媒体渠道碎片化、线上流量线下客流量溢价化，都使得旅游产品的品牌营销焦虑不降反增。本案例从湘小伍战略决策者的视角呈现了并购重组后，湘小伍洞悉消费者刻板印象后对消费者进行精准画像，创造冲突—运用冲突—解决冲突—不断重新制造冲突，进行特产连锁店市场重新定位与边界突破的思考和探索的过程。同时，湘小伍运用感官营销战略，开展产品设计、包装设计、品牌营销，并通过塑造实体店面的营销场景连接消费者，准确、持久地传播并提升品牌价值，成长为张家界知名的特产连锁店。

关键字： 冲突；感官营销；不确定性；消费者需求；品牌价值

---

[1]　本案例由吉首大学旅游学院覃雯、吉首大学研究生刘蕾和彭和刚、张家界湘小伍家易有限责任公司总经理朱万璋共同编写，案例资料主要来源于对企业实地调研、相关统计数据及公开信息资料。作者拥有著作权中的署名权、修改权、改编权。由于企业保密的要求，在本案例中对有关名称、数据等做了必要的掩饰性处理。本案例只供课堂讨论之用，并无意暗示或说明某种管理行为是否有效。

[2]　作者简介：覃雯（1980—），女，土家族，湖南张家界人，博士，吉首大学旅游学院讲师；研究方向为目的地营销与管理、旅游者行为决策。刘蕾（1997—），女，山东临沂人，硕士研究生；研究方向为乡村旅游。彭和刚，男，吉首大学研究生。朱万璋（1978—），男，湖南张家界人，张家界湘小伍家易有限责任公司总经理。

一、引言

2011 年 12 月，"湘小伍"创始人吴总在艰难经营中打算关门大吉。尽管凭借"简单粗暴""假一赔万"的强势口号，积攒了 2 年的品牌口碑，但由于市场营销策略的单一和决策的犹豫不决，产品未得到消费者的积极响应，公司产品的相对高成本也成为制约产品销售的最大瓶颈。与此同时，游客和本地市场顾客的消费观念仍停留在"特产不实用或拿不出手"的刻板印象中。2012 年 2 月，"湘小伍"品牌转让时，原创始人吴总哀叹道"不懂营销抓不住市场"。

在快速变化环境下，因为营销战略不妥当退出市场的企业，并不少见。捉摸不定的市场环境，特别是消费者需求，使得创业公司开始重视营销战略的决策和制定。

然而，旅游行业对环境的依赖性很强，环境变量中任何风吹草动对行业内某些环节的打击都是巨大的，甚至是致命的。同时，许多制定营销战略的方法都依赖于制定过程中对环境的分析，却在宏观和微观环境足够进行分析的条件下，忽略了旅游行业所处环境的变化速度，以至于无法保证信息的精准性，制定的营销战略也很快就过时。

因此，在这个不连续的时代（Drucker，2020），在快速变化的环境中，消费者需求、竞争对手、技术或规则变化迅速而缺乏连续性，旅游购物企业应如何制定营销战略？

二、全是真货里的好货　十五天无理由退换货

张家界群峰之巅恍若仙境！三千座奇峰，高高地耸立在原始旷野之上。八百条秀水，蜿蜒曲折地穿行于峡谷之中。3.8 亿年的地质演化，数不尽的自然资源，使张家界拥有大自然馈赠的奇珍异宝。

张家界的旅游行业兴起于 1982 年，那一年成立了中国第一个国家森林公园——张家界国家森林公园，1988 年开始园区内铺筑，1990 年政府为旅游从业者办景区导游证、挑夫证等证件，标志着张家界旅游产业链正式诞生。随着张家界旅游业的迅速发展，张家界特产购物行业也迅速成长，成为游客在张家界旅行体验的必要环节，更是游客满意度评价中必不可少的影响因素。

退伍回到家乡在旅游行业打拼数十年的朱万璋，10 年前在部队看过的一份报纸上关于张家界旅游特色产品介绍的文章。一次与吴总闲聊时听他说

起经营的特产有两个品牌，"'一次性'特产消费的甲品牌"和"想做真货甚至高呼'假一赔万'的湘小伍品牌"，甲品牌让他赚得盆满钵满，但他有预感市场以后会属于湘小伍，然而几年下来湘小伍却惨淡经营难以为继，准备弃湘小伍而去。于是一场并购迅速展开。

当朱万璋完成湘小伍的并购时，正值张家界旅游开发进入第 30 年。此时，张家界旅游购物的场所不仅有与旅行社合作的传统购物店，也有景区景点内的摊位及寨子型民俗馆，还有依托自然流量分布在主要街道的门店。

此时摆在朱万璋眼前的是两个选择：一个是沿用老包装，继续销售仓库里单单直接成本就高达 80 万元的存货；另一个是重新定位，打破特产购物边界，这意味着没有营业额的情况下需要承担 80 万元的净损失。如何抉择？这就像一块巨石压在湘小伍发展的道路上。

一定要创新，必须重新定位、打破边界，这个决心，源于朱万璋对旅游行业发展趋势的研判，也来源于一直做高品质旅游的决心。但如何进行？

旅行社和旅游购物虽在旅游产业同一链条，但毕竟是不同行业，并购减少了进入特产行业的时间，降低了同业抵抗带来的阻力，就如拿了一把钥匙开门，推门阻止的人较少，仅此而已。朱万璋查找了上一年度 2011 年张家界全年景点接待旅游的数据：接待人数 3041 万人次，增长 26.5%；其中，过夜旅游者 1332 万人次，增长 46.8%；实现旅游总收入 167.31 亿元，增长 29.5%[1]。过夜旅游者，对于街边门店式的购物店非常重要，且呈上升趋势，这是个利好信息，然而如何进行门店战略布局和战略规划，朱万璋的心中仍未明朗。

朱万璋思考：在旅行中最不能放弃的旅游特产的基本属性有哪些？性价比高、外观精美、货真价实、体面……如果只能保留一项，应该选哪一个？如果我是来张家界旅行的消费者，我印象中的特产购物店是什么样子？产品的质量我能信得过吗？想到这里他马上让门店设计师把"全是真货里的好货"这句话加入门头的设计，同时给公司美工布置了制作橱窗广告"十五天无理由退换货"的设计任务。

三、湘小伍家　特产专家　好客土家　湘西老家

装修稿终于确定了，除了制作几乎都是朱万璋的灵感呈现。第一个店的

---

[1]　数据来源于张家界统计年鉴。

装修正式开始，第二个店的装修 10 天后进行。签完装修合同，朱万璋却突然感觉到一种连接感的缺失。如何让店面装修布局与产品陈列相得益彰？旅游者从惯常性居住地来到非惯常性的旅游地，他们渴望"宾至如归"还是"特色体验"，或者两者的结合？两者之间联系的纽带是什么？

从装修公司回来后，收拾好行装，朱万璋踏上了去广州的火车，他要与 CI 设计团队沟通确认方案。在火车上迷糊间他又做了一个梦，梦里他带着朋友去外婆家做客。朋友们对土家吊脚楼赞叹不已，外婆热情地从平柜里拿出珍藏的炒米红薯糖，夜晚围坐在火炉边说着湘西往事，笑声时而打破大山里夜的静谧。从梦中醒来，与 CI 设计师沟通的主旨已在心中明确。

朱万璋在火车上打开电脑，注册了"湘小伍家"。他想要经营的特产店，就是一家让客人们进店就如同感觉到了外婆家做客的特产店，他要传播湘西老家淳朴的生活方式，湘小伍家，更是湘西老百姓的家。青砖瓦、原木桌椅、土家织锦、桑植民歌，在这里和土家人拉拉家常，翻翻书，品一杯清茶，或现冲一碗土家葛根粉。让客人们从另一个角度体会美丽的张家界，完整对湘西的印象。

全套 CI 方案顺利拟定，朱万璋第一个要打破的就是消费者对特产店的刻板印象、认知边界，从 Logo 的设计开始，到产品包装的设计感和实用性、环保性提升，他想让这个边界从"特"变成"优"。

四、分享特产　分享快乐

湘小伍家是一个全是真货里的好货的特产店。旅游消费者对于传统购物环节的强制和拖延有着厌恶的心理，是否会因为这个印象，迁移到其他类型的消费环节？因此，是销售还是分享？谁在湘小伍家欢迎客人们，传播土家文化？朱万璋恍然大悟，湘小伍应该是一家有活力、有故事的店铺！回想起自己创业的初心，就是为了和爱人过上好日子，这个朴素的愿望就是一个土家汉子的创业初心。此后，湘小伍家的故事有了主角——土家阿哥湘小伍，为迎娶心爱的阿妹并让她过上好日子，以分享特产分享快乐的方式经营的湘西老家特色连锁店铺。

五、除了阿妹你都能带走

"在张家界,每呼吸一次,应付 5 美元。"美国科罗拉多州前州长南希·迪克曾对张家界绿色生态这样赞美 [1]。在张家界连呼吸都是一种享受,美不胜收的自然美景却不能带走。然而,一次完美的旅行,除了饱览独特的自然风光,还可以体验民俗人文风情,品尝独特的美味珍馐。因此,从当地选购本土特色的伴手礼,或留作旅行纪念,或分享馈赠亲朋也不失为一种对不能带走美景遗憾的补偿。

张家界的山水带不走,湘小伍的特产包邮到家;满 380 元包邮,除了阿妹你都能带走。这两块木牌子一直挂在湘小伍的各连锁门店。

2012 年 6 月 1 日,湘小伍家第一家店开业。

2012 年 6 月 15 日,湘小伍家第二家店开业。

2013 年 4 月 15 日,湘小伍家第三家店开业。

2013 年 5 月 1 日,湘小伍家第四家店开业。

2013 年 5 月 3 日,湘小伍家第五家店开业。

2016 年 4 月 28 日,湘小伍家第六家店开业。

2018 年 8 月 18 日,湘小伍家第七家店开业。

2019 年,湘小伍家开放加盟。加盟店在郴州东江湖、铜官窑等景区相继开业。

朱万璋及其管理团队悟出了一个道理:旅游特产,特在产品和服务,不能因特而局限市场。旅游消费者对于特产店存在刻板印象,唯有识别形成刻板印象的根源,发现冲突,在视觉、听觉、触觉、嗅觉、味觉五感体验上制定营销策略,塑造符合消费者需求的品牌形象,才能达到持续传递对消费者的理解与关怀、持久地满足消费者需求的营销目的。

张家界地貌从台地→方山→石墙→石柱→峡谷演化过程清晰,发育过程完整。湘小伍家也吸收这片土地独特的养分,在不断变化的外部环境中,持续迭代更新,湘小伍的故事还在继续……

---

[1] 张家界旅游网 . 在张家界每呼吸一次空气,应付 5 美元 [EB/OL]. 张家界旅游网,2010-12-06.

案例教学使用说明

一、教学目的与用途

（一）适用课程

本案例主要适用于市场营销、战略管理中有关营销策略的教学。

（二）适用对象

本案例适用于企业管理、旅游管理专业硕士以及高年级本科生的课程教学。

（三）教学目的

（1）使学员掌握具身认知、刻板印象、感官营销等理论；

（2）引导学员对冲突在感官营销中的运用进行深入的思考；

（3）帮助学员掌握分析旅游消费者对营销策略的感知—心理—行为的过程。

（四）主要知识点

（1）刻板印象对旅游消费者的影响和冲突的发现—解决—再造；

（2）基于具身认知的感官营销五感体验的具体内容；

（3）旅游消费者对营销策略的感知—心理—行为过程。

二、启发思考题

（1）旅游消费者对特产店的刻板印象主要存在哪些方面？会产生什么样的影响？

（2）根据具身认知理论，思考湘小伍是如何将冲突运用于感官营销，去满足旅游消费者需求的。

（3）根据实际经验，从旅游消费者的角度出发，谈一谈对湘小伍营销策略的感知—心理—行为的过程。

（4）结合案例和所讨论的内容，湘小伍未来可能采取哪些营销策略？

三、分析思路

在本案例的使用中，授课教师可根据自己的教学目标灵活使用本文提供的分析思路，仅供参考。

本案例描述了湘小伍并购后，从洞察消费者对旅游特产店的刻板印象出发，认识并创新营销冲突，开展品牌定位、CI 策略，通过图像、声音、气味、味道、触感等实施感官营销策略，并丰富其在实体店面的营销场景，连接消费者，准确、持久地传播并提升品牌价值，成长为张家界知名特产连锁店的过程。希望本案例能帮助学生从具身认知的理论角度去理解感官营销的触发机制，帮助学生掌握冲突营销在刻板印象和游客旅行中认知负荷下的实现路径。本案例的分析逻辑，详见图 1。

本案例分析思路包括三部分。首先，带领学生从消费者的角度，运用头脑风暴，挖掘消费者对旅游购物刻板印象的内容及其影响；帮助学生理解"具身认知""感官营销""刻板印象""冲突营销"及其与消费者决策的关系。其次，带领学生站在企业决策者的角度，运用案例资料，梳理湘小伍感官营销的具体策略，培养学生在快速变化的市场环境下的营销创新思维。最后，结合 VUCA 时代对旅游的影响动向，启发学生探讨在不确定环境下，特别是重大突发公共卫生事件下，湘小伍应采取的营销策略，以应对挑战、寻找机会。

四、理论依据与教学方法、逻辑关系及具体分析

（一）理论依据

1.具身认知、感官营销理论和五感体验分析方法

（1）具身认知理论：隐喻的补偿性和一致性。

（2）感官营销理论与五感体验分析方法：感官交互，视觉、听觉、味觉、嗅觉、触觉五感体验。

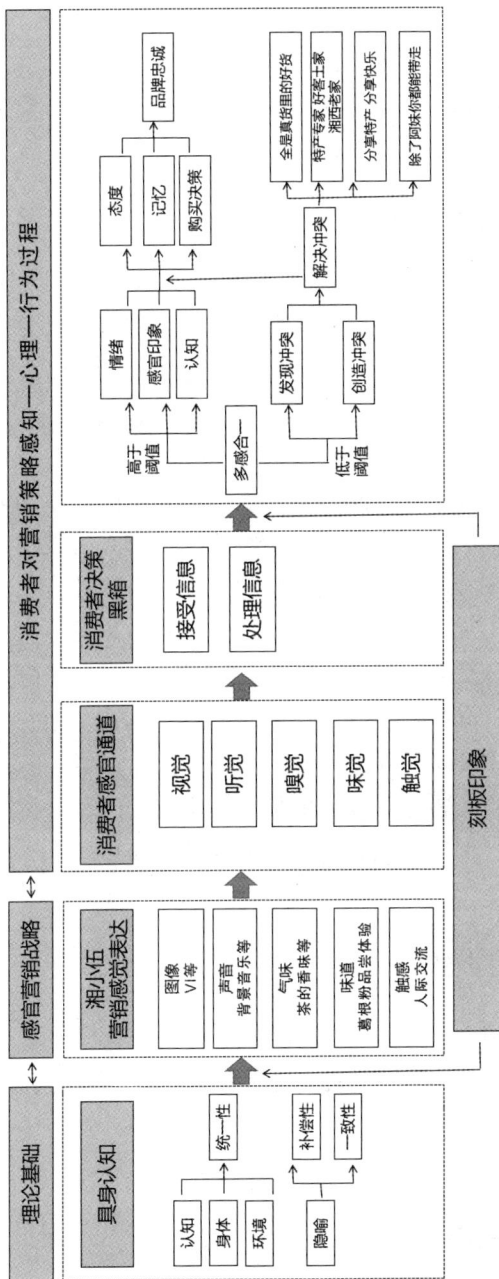

图 1 案例分析思路

2. 刻板印象、营销冲突的理论和分析方法

（1）刻板印象理论：形成原理、主要影响。

（2）打破刻板印象、扩展消费者认知边界的方法——营销冲突：认知冲突—解决冲突—创造新冲突。

3. 案例教学理论和方法

（1）案例教学方式建议采用"头脑风暴法"+"无领导小组讨论"。

（2）教学方法分为五个步骤：头脑风暴、归纳整理、分组讨论、分组发言、学习总结。

（二）逻辑关系

克制的理性需求和冲动的感性需求之间，有限的需求和无限的欲望之间，往往就是冲突的原点。总之，冲突产生需求。打破消费者的刻板印象，需要发现由刻板印象形成的、普遍存在的首因效应或者记忆，比如，特产质量只特不优。湘小伍从产品质量的本质出发，用"全是真货里的好货""湘小伍家 特产专家 好客土家 湘西老家""分享特产分享快乐""除了阿妹你都能带走"的理念（口号），创造与消费者刻板印象不一致的冲突，运用图文（视觉）、包装（触觉）、品尝（味觉）等不同的感官通道，打开被刻板印象简化的低于阈值的信息，并重新激活，塑造新的感知和记忆，形成购买决策和行动（见图 2）。

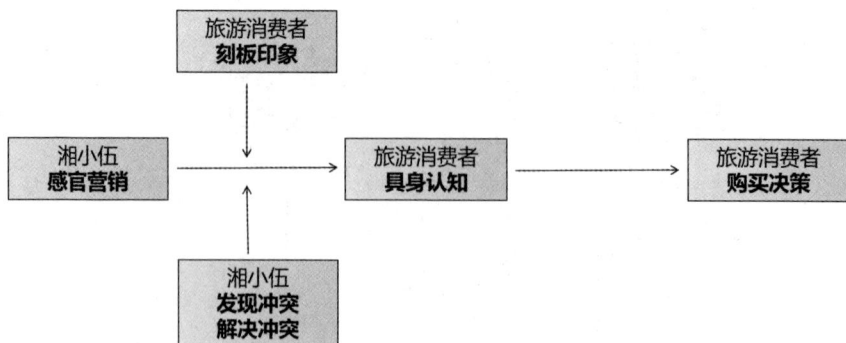

图 2　逻辑关系

（三）具体分析

1. 刻板印象对消费者决策的主要影响，以及旅游消费者对特产店的刻板印象主要表现在哪些方面

（1）刻板印象理论

1824年开始，刻板印象就被作为印刷术语使用，意为形式化的行为。"人会尝试用他的头脑去观察过去从未见过、闻过、听过、想过、触碰过的大千世界并逐渐在头脑中制作一幅关于那个世界的可靠图式"（Lippmann，1922）。这个头脑中的图式即为"刻板印象"，或曰"成见"。其特点在于"先于理性被投入使用"。成见是一种感知方式，它使我们在意识到的信息还未经过思考前就把某种性质强加给这些信息"（Lippman，1922）。

关于刻板印象的定义，不同的学者定义不同。但是学者们的定义中一致地认为：刻板印象是社会广泛持有的对认识对象与实际情况不尽相符的认知或者看法，此认知具有较强的一致性和稳定性。

关于刻板印象的形成原理，不同的学者认识不同，主要理论有三种，分别是：社会认同理论、社会认知理论与社会环境影响理论。社会认同理论认为在面对海量的信息时，人们会通过分类来快速获取认知并界定对象的属性，刻板印象就是分类的直接结果。社会认知理论认为刻板印象的形成是信息加工处理的过程，不断地接受与记忆一致的信息并摒弃不一致的信息而造成的偏差。社会环境影响理论将刻板印象分为外显型和内隐型（佐斌，2015），认为刻板印象的形成是为了简化日常生活中烦琐的信息加工过程，是主体对于认知对象缺乏知识的直接结果，同时个体所处的环境评价的偏差也是刻板印象产生的原因。

刻板印象常常出现在每个人的生活中。人们有时会使用刻板印象或成见来判断他人，帮助人们处理这信息过多、复杂的世界，刻板印象和其他的认知历程并无根本上的差异，甚至刻板印象能提供人们可在第一时间中尽可能了解得到的信息，因此刻板印象本身并不是不好或是无用，或许我们只能说刻板印象或成见是个体在处理信息过程中比较不适当的结果。

因此，在营销实践中，顾客的刻板印象对产品、服务和厂商有重要影响。刻板印象一旦形成便很难改变，是一种稳固的认知结构，在某些条件下可自动激活，且可在迅速激活后影响人们的记忆、注意、知觉等认知过程，表现出自上而下和自下而上两种加工方式相结合的特点；反过来，个体注意资源的分配和集中也会影响刻板印象的加工过程。比如，旅游者对旅游购物的刻板印象包含产品不实用、价格虚高、套路深、强制购物、浪费时间等不愉快的情感体验。

（2）刻板印象对消费者决策的主要影响

刻板印象会影响消费者对于产品、品牌的认知以及购买决策。消费者会将产品分为不同类别，并根据关于这些类别的有组织的习得经验来评估新产品。

刻板印象是一种捷径，即使消费者有大量的信息来评价产品，他们仍会利用刻板印象来做出选择。特别地，刻板印象内容模型描述了当处于信息有限的决策情境时，决策者倾向于将复杂的信息简化。

（3）旅游消费者对特产店的刻板印象主要表现

通过百度贴吧和百度新闻，通过关键词"旅游购物""旅游特产"爬取数据后进行关键词抽取生成词云图（见图3），可以发现媒体和消费者对于旅游购物的刻板印象主要表现在"旅游""纪念品""特色""美食""高价低质""盲目""恶名""售后差"上。

图3　消费者对旅游购物的刻板印象词云

2. 根据具身认知理论，思考湘小伍是如何将冲突运用于感官营销去满足旅游消费者需求的

（1）具身认知理论

个体的心理活动扎根于感官体验，心理活动与身体交互影响。具身认知是认知心理学研究的一种全新的取向，强调身体在认知过程中所起到的作用（唐佩佩，叶浩生，2012）。认知与身体的关系并不像传统认知假设的那样是单向的，而是双向地认为身体既是认知的来源，也会影响认知过程。即认知不仅会影响身体，身体也会影响认知。因此，认知、身体、环境具有统一性。

具身认知理论可以为消费者行为研究提供丰富的理论支持。感官体验是如何影响消费者的认知与行为的呢？从目前的研究来看，具身认知理论中的关于隐喻的两种效应（统一性效应和补偿性效应）可以解释其中的机制。

统一性效应是指个体的感官体验会使他们在后续的消费过程中产生与隐喻相一致的变化，补偿性效应是指个体的感官体验会使他们在后续的消费过程中寻求与隐喻相反的一种补偿。

基于具身认知的理论视角，湘小伍可以依赖环境中的垂直、左右、温度等线索来改变商品摆放位置、呈现方式或店铺的温度设定，最终对消费者的感知觉经验产生影响。以湘小伍为例，用温度领域的实证研究成果来说明这两种效应。

①统一性效应。湘小伍的展示柜的灯光采用暖色，会让消费者更愿意产生购买决策，因为这种物理温暖启动了温暖的人际触觉。在温暖的环境之中，人们会觉得自己和他人关系更紧密，其消费态度和决策受到他人选择的影响更大（Huang，Zhang，Hui 等，2014）。这都体现了具身认知中隐喻的统一性效应，即个体的温度体验导致了与这种体验一致的认知过程，从而影响了最终的消费决策过程。

②补偿性效应。湘小伍设置了免费雨伞借用服务，因为夏天山区天气变化很快。如有旅游者因淋雨暂时躲避进店，店员根据服务规范端上一杯热茶，一般都会产生意想不到的销售。因为，根据隐喻的补偿性，当个体处于一种不愉悦的状态之中时，改变这种状态的目标就会被激

活，当这种状态改变的需要无法直接满足时，就会追求其他形式补偿。因此，当旅游者因淋雨感到身体寒冷时，就会需要获得温暖，一杯热茶正好可以实现温暖的补偿，同时店员的热情服务和免费伞更可以激发补偿性目标的实现。但是，补偿效应并不会在所有情景中都产生，它的产生不仅仅需要概念启动，还需要目标激活（Zhang & Risen，2014）。如果情景不会诱发消费者的不适，就不会产生补偿效应。

（2）感官营销理论

在感官营销之中，企业常常通过各种感官线索塑造丰富的身体体验来影响消费者。在这一过程中，身体的五感体验是影响消费者的认知过程，进而影响消费者的最终消费决策行为。营销者通过操控外部营销环境直接地刺激了消费者的不同感觉器官，使消费者产生相应的感觉，之后经过知晓和理解形成"知觉"，最终影响消费者的认知、情感及行为，完成由外部到内部、生理到心理的过程（吕兴洋，2020）。

营销领域对消费者感官的研究早已开始，在视觉、听觉、味觉、嗅觉和触觉五个感官维度上都积累了非常丰富的研究成果，构建起完整的感官营销理论体系（Sensory Marketing），并寻获到心理学中具身认知（Embodied Cognition）理论的支持（Krishna 和 Schwarz，2014），成为近年来发展最为迅速的营销领域之一。人在感知过程中，一种感觉通道的信息输入会影响其他感觉通道的知觉，这种现象称为"感官交互"。从感官交互的角度，一个感官通道的信息特征所诱发的另一个感官通道的知觉可能会对消费者行为产生影响。湘小伍在店铺内会以合适的音量，播放土家族优质的山歌作为背景音乐，旅游者听到后会联想到产品的原生态和高品质。因为，声音大小和音质会影响消费者对商品质地粗糙程度的感知。此外，湘小伍的张家界特产大礼包的包装盒采用金色为主要色调，因为在产品包装上，颜色饱和度越高，消费者会觉得产品越大（Hagtvedt 和 Brasel，2017）。

感官营销理论，对消费者不同感官体验导致的认知与行为变化及反应机制的细致解析为精细化营销实践工作提供了有力的指导。企业不再只是将消费者视为冰冷的数据，而是将消费者视为有血有肉有情感的具身化生活者。

（3）五感体验在感官营销的运用

①视觉体验。

视觉媒介：视觉识别（VI）作为企业形象识别系统（CI）的重要组成部分，被广泛应用于目的地形象的策划中，而湘小伍的视觉识别系统的设计过程为视觉感官的运用积累了大量的经验。

视觉是旅游特产店信息主要的感官表达形式，也是营销信息传播所依赖的核心感官媒介。目前,湘小伍的营销对各类视觉媒介利用很充分，覆盖了店内宣传片、综艺节目、报纸、户外广告、摄影照片、旅行杂志、手绘地图、明信片等几乎所有常见的视觉信息载体。视觉媒介在品牌形象的塑造与改善上具有显著效果。旅游者对湘小伍店铺形象的感知更为清晰和具体，记忆更加深刻，购物兴趣得到激发，到访意愿显著增强。综合来看,湘小伍借助视觉感官通道确实能够取得令人满意的营销效果。

虽然，近年来随着技术和媒体的创新，出现了直播、真人秀、虚拟现实等各种新形式的营销媒介，但是，从感官利用的角度来看，不同媒介只是在视觉感官维度上不同的视觉工具，视觉媒介内在原理是相对一致，其视觉感官的利用方式与问题是相同的。

视觉印记：打造视觉感官印记的重要步骤，就是要在旅游者形成的旅游特产店的刻板印象上创造冲突。湘小伍的品牌标识是其品牌重要的视觉识别工具，具有识别性、区分性、异质性、易于被注意和易于被记忆等特点。

在湘小伍品牌化过程中冲突营销得到普遍使用，在视觉符号的运用具有土家族文化特色的形象符号，形象的塑造、提高潜在旅游者的进店意愿与购买态度，用具体任务抽象出的图像代替简单的抽象文字和符号具有更高的认知效率和更佳的记忆效果。对色彩运用，湘小伍从民族的服饰用色中提取土家族蓝。事实上，很多知名企业都在使用这一方法塑造品牌，微软操作系统（Windows）采用的视窗标识、英特尔（Intel）播放的五音符乐曲、蒂芙尼（Tiffany）选用的亮蓝色彩以及香奈儿（Chanel）调制的5号香水等都属于此种类型。这些感官信息均具备非常强的感官独特性，可以与品牌相互激活。

总体上，湘小伍对于视觉印记的运用较为全面。但在识别功能与象征意义之外，湘小伍需要在今后的营销中对特定的视觉元素背后是否还存在更深的心理学意义，进一步从视觉隐喻的角度进行分析，制定方案。

视觉隐喻：视觉信息不但可以作为感官识别标识，还蕴含着深刻的隐喻意义，能够对人的认知、情感和行为产生深刻的影响。

市场营销学运用严格的心理学实验法对此问题做了大量探索，发现形状、位置、亮度、色彩等均具有不同的隐喻意义。例如，相比于正方形的品牌标识，品牌标识的横向拉伸具有时间的隐喻，暗示更长的时间效果，有利于时间收益的评价，却不利于时间成本的评估。特定的颜色常与特定的情绪、信念等联系在一起，所内含的心理效价也将进一步影响其使用效果，且色彩隐喻的形成往往与个体的文化背景有着强烈的联系，如红色在西方文化情境中有危险和警示意义，但在中国传统文化中则表现出"吉利""喜庆"等正面意义。

湘小伍的营销对于图像、视频、图形等视觉信息的分析仍局限在图像内容的表层含义，应参考市场营销领域的研究经验，关注视觉信息的心理隐喻，思考如何利用这些视觉隐喻影响旅游者的心理与行为，进而提高营销效率。

②听觉体验。

旅游是五种感官的共同体验，很多旅游购物店铺的营销过于依赖单一的视觉感官，营销信息的表达形式与传播通道均缺少感官多样性，店铺与旅游者之间缺乏多感官的沟通，导致感官综合吸引力难以充分释放，营销效果受到制约。

听觉是声波传导引起鼓膜振动进而激发的震感。听觉与视觉同是人的远距离信息分析器，是持续运作而不能被关闭的感官。在营销实践中，听觉是视觉以外第二重要的感官，得到了营销者的普遍关注和重视。

声音可以同图像一样便于保存和传播，与视觉信息相比，声音信息更难被旅游者忽略，且在情绪诱发上有更优的表现（白学军，马谐，陶云，2016），体现出独特的营销特性。因而听觉就成为仅次于视觉的，湘小伍在感官营销中选用的重要感官维度。

声音营销力：市场营销领域已有研究证实声音营销力的存在。受音乐影响，无论是前景音乐还是背景音乐，消费者的品牌态度都得以提升，品牌记忆得到增强，且声音对旅游者感知形象的形成具有积极作用。

同时，多位研究者发现民族歌曲或流行音乐是一种地方文化遗产，能够吸引旅游者的"凝视"，因而具有旅游资源属性（Farsani，Shafiei，Adilinasab 等，2017）。另有相关研究证明民族歌曲的传播对旅游者的感知形象产生了显著的影响，而形象又往往是消费者选择决策的关键影响因素，因此可以预期这种营销作用的存在。

声音既是店铺销售场景的重要构成要素，也是旅游者消费体验的重要组成部分，所以是湘小伍感官营销最重视的感官信息内容之一。韵味独特的民歌等与特定体验或产品相关的声音同视觉影像一样可以对旅游者起到吸引作用，展现出声音蕴含的潜在营销价值。

声音品牌化：特定的声音能够唤起消费者对品牌的记忆，*Rhythm of the Rain* 让人联想起绿箭口香糖，中央电视台新闻联播的开播音乐则成为几代人的记忆。这说明消费者可以在声音与品牌之间建立联系，声音也就成为视觉之外的又一品牌感官印记与识别工具。构建某种特定的声音与品牌之间关联关系的过程则被称为声音品牌化。

声音品牌化是声音营销的重要应用形式，常用的工具有口号、广告音乐以及与产品或服务关联的声音等多种类别。

理念识别（MI）中口号是湘小伍营销中使用最为广泛的声音品牌化工具（见表 1 湘小伍家发展各阶段口号）。

表 1　湘小伍家发展各阶段口号

序号	口号内容
1	全是真货里的好货
2	特产专家　湘西老家　好客土家
3	到家都是客，请喝一杯茶
4	分享特产 分享快乐
5	打造百年老店，我做服务典范
6	送礼就送土特产，湘小伍家是首选

同时，在销售场景中，环境声音、与产品或服务相关的声音等非语言声音对消费者决策有潜在影响作用。湘小伍对所有进店客人都会

按照接待流程，递上一杯茶，"到家都是客，请喝一杯茶"，用独特的声音赋予品牌印记，扩展了品牌的感官维度。声音品牌化为湘小伍品牌建设提供了新思路。

③味觉体验。

味觉指食物在人的口腔内对味觉器官化学感受系统的刺激并产生的一种感觉。从生理角度讲，味觉可以分为酸、甜、苦、辣、咸5种类别。尽管味觉也是感官之一，但大多数品牌是"无味的"。只有少数企业，特别是味觉占据主导地位的食品企业才会通过味觉来塑造和巩固品牌形象。

味觉具有具身效应，苦、甜等味道往往与特定的情绪相联系。湘小伍的感官营销对味觉的具身效用利用，使用的是体验的方式，鼓励旅游消费者品尝。

然而，不是所有的产品都能实现体验品尝，如何在跨感官的表达过程中更好地完成感官的转译，成为味觉感官营销所要解决的关键问题。湘小伍在味觉信息的传递上通常采用了通感的表达方式，可以克服味道难以储存和传播，直接利用味觉感官通道的难度较大等不利方面，即用其他感官信息来表达味觉体验。

比如，湘小伍在味觉的视觉表达上，巧妙地运用颜色在味觉的隐喻作用，在产品包装和店铺装修色调上，刺激客人的味觉。比如，咸味常常用白色表示，辣则多用红色表示，甜味呈现为暖黄色，绿色表示安全等。再者，味觉的感官特殊性在于其形成不但需要依靠味蕾的刺激，还需要听觉、嗅觉、触觉甚至视觉的参与，所以味觉与其他感官的交互能更为有效地提升营销的效果。比如，湘小伍会告诉旅游消费者"云南有鲜花饼，台湾有凤梨酥，张家界有葛根酥"，让旅游消费者通过云南和台湾与其特色产品的感知，刺激形成葛根酥的味觉体验。

④嗅觉体验。

嗅觉是对气体物质刺激物的感官反应，可以是远距离的化学刺激感受，常与味觉协同活动、相互作用。比如：提到星巴克，飘来咖啡味；说起肯德基，闻到炸鸡味。

环境气味研究发现气味不只影响顾客的情绪，还有延长顾客在店内的停留时间、提高购买意愿和产品评价、增强品牌记忆等作用。与其他感官相比，嗅觉的特殊之处在于其感官意识的形成并不是与生俱来的，而是后天习得的。这意味着气味偏好及对气味的情绪反应的建立过程与之前特定的社会经历有关并以联想学习为基础，如喜爱饮酒的人，爱好茶叶的人，通常比较喜欢酒香、茶香。嗅觉联想的后天可塑性给予营销者非常大的利用空间和自由度，加之嗅觉的辨识性和记忆性较好，使得利用嗅觉的感官联想开展营销活动成为一种可能。

因此，湘小伍的每个店铺都有一个外卖窗口，这里销售冲泡葛根全原粉，这种连皮带根一起打磨的葛根全原粉具有独特性和代表性的气味，可以作为湘小伍的嗅觉感官印记，让顾客联想到产品的品质，能创造独特的服务体验，强化顾客对品牌的识别。

⑤触觉体验。

触觉感官的面积最大，感官的发育先于其他感官，退化迟于其他感官。触觉感受是消费者评估产品所依赖的重要线索，关系到消费者对产品的评价，因而是不可忽视的重要因素。

在服务领域，对人际触觉的关注也日益增加。实验证明直接的人际触碰同样能够提升消费者的满意度及对服务与店铺的评价，而且物品传递的触感也有类似的效果，温暖的触感令消费者具有更高的社会亲近感。

湘小伍在服务流程的设计中，针对旅游者消费时进行高触摸需求性决策需要，通过引导其直接触摸产品、产品触觉的文字说明、图片展示等信息进行触觉臆想，标准化接待流程的人际接触标准，为品牌创造一个独特的触觉感官印记，从而令旅游消费者具有更高的感官识别度。

3. 根据实际经验，从旅游者的角度出发，谈一谈旅游消费者在湘小伍进行购物时的感知—心理—行为的过程

旅游消费者通过感官通道——视觉、听觉、味觉、嗅觉、触觉，接收到湘小伍的营销感觉所表达的图像、声音、气味、味道、人际交流等信息，多感合一，进行信息处理后，获得高于阈值的感知，就形成新的认知，触发情绪，形成感官印象和态度，做出购买决策，并产生品牌记忆，甚至形成品牌忠诚（见图4）。

如果旅游消费者对旅游特产购物的刻板印象很深，且是负面的，就形成低于阈值的态度，无法直接形成购买决策，此时就要合理运用冲突营销，打破刻板印象，拓宽消费者的认知边界。如前第一题所述消费者对特产的刻板印象主要停留在高价低质。作为营销决策者，识别到高价低质的刻板印象与成功销售之间的问题源头之后，必须采取解决冲突的方法，即保证产品质量基础上的合理销售价格，因此湘小伍提出了"全是真货里面的好货"的口号，用 MI 来化解冲突和营销传播。同理，"特产店就是想赚钱才热情服务的""我们在这里只能买到特产"，针对这些刻板印象，湘小伍采取了分享特产的服务方式，通过人际触觉的延伸，让消费者在购物的同时还能感受到做客湘西体验民俗文化的快乐。当冲突解决后，就会形成更深刻的记忆，良好的购物体验，产生重复购买的品牌忠诚度。湘小伍运用冲突打破了以往旅游购物店一锤子买卖的销售惯性，准确、持久地传播并提升了湘小伍品牌价值。

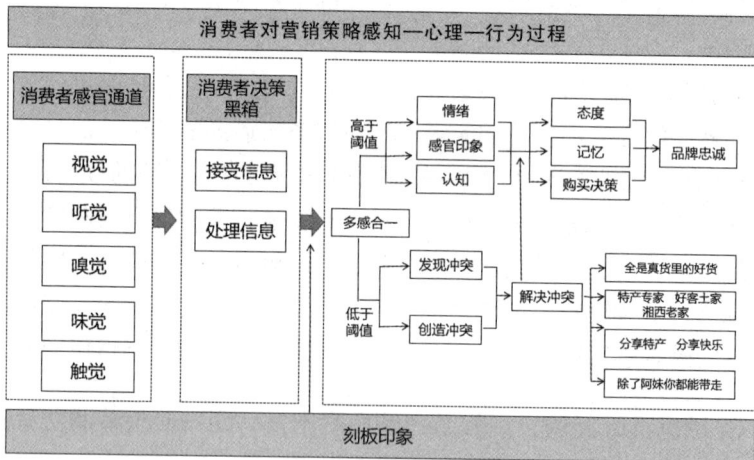

图 4　消费者对营销策略感知—心理—行为过程

4. 结合案例和所讨论的内容，湘小伍未来可能采取哪些营销策略

互联网技术的发展导致消费者的购物模式发生了巨大的改变，网络零售的诸多优势使其在社会消费零售总额的占比逐年增加。特别是，2020 年以来，新冠疫情给旅游行业带来重大打击。一边是疫情带来的

游客流量的骤减和无规律的波动性，一边是农副产品为主的特产滞销，如何解决不确定性环境下，旅游特产的销售问题？

游客无法抵达景区与特产无法通过连锁店铺直接销售形成对峙，因此，未来湘小伍需要洞察到旅游特产与景区等旅游资源不同之处在于其具备可移动型的特质，"游客不来，我就出去"。品牌营销的一大原则就是，用户在哪里，营销就应该出现在哪里，面对不确定性环境，湘小伍想做品牌营销，就必须懂直播。据悉，从 2020 年 4 月开始，朱万璋与 MCN 机构签订合作协议，让停业在家的员工，通过线上培训的方式参与直播素质提升的培训计划，通过直播为特产销售探索出一条出路。

对品牌营销而言，直播成为产品的底层能力，也已经成为营销媒介环境中必须被认真考虑的一种传播手段。事实证明，大量的品牌通过直播的方式实现了疫情期间的快速增长。根据财经网报道，溜溜梅通过直播营销逆势同比增长 264%，梦洁家纺天猫店销量同比提升 11%，中粮福临门每天通过淘系直播等活动收获 9000 名新客 [1]……

推荐湘小伍直播首选抖音和腾讯视频号，效率更高。2020 年 2 月突发疫情使居民居家，抖音的日活量增加迅猛，从 2 亿人增加到 4 亿人（到 2021 年 6 月，抖音官方公布的数据变动为 6.7 亿）[2]。视频号 1 月底开始内测，基于腾讯微信本身 10 亿的日活用户视频号轻松地达到了 2 亿日活量。同时，在传统的电商平台，女性的网购比例高于男性；疫情期间直播平台进行过全民、全产业链的用户教育，视频及直播激活了不同层次用户，数据显示男性顾客的购物金额高于女性。根据互联网销售数据，2020 年直播电商的销售总额 1 万亿元（预计 2021 年总额将达 2.5 万亿元）[3]，抖音占据半壁江山。此外，抖音开店效率高，对客销售效率高。湘小伍大部分店铺分布在景区，靠自然客流进店，即使没有疫情，旅游地的客源和店铺规模限制了同时进店人数。但是在抖音上很容易实现同时 2000 人在线，甚至 10 万 +、100 万 +；再者当客户大量进店时，传统人员按照 1：5 接待，最多达到 1：20，但是通过直播，可以做到 1

[1] 经济观察报 . 梦洁家纺直播新增 1 万会员 中粮福临门日均增粉超九千 [EB/OL]. 新浪财经，2020-02-26.

[2] 2020 抖音数据报告（完整版）[EB/OL]. 中国互联网数据资讯网，2021-01-05.

[3] 2021 年中国直播电商行业研究报告 [EB/OL]. 36 氪，2021-09-15.

个主播服务所有进店客户的讲解，销售效率大大提升。

2020 年 5 月，湘小伍积极响应政府的号召复工复产，线下门店逐步正常营业，又经历了 2021 年 8 月，大连游客途经南京机场感染德尔塔病毒后，张家界全市暂停旅游接待居家隔离的艰难时期。

面对重大突发公共卫生事件带来的不确定性，湘小伍应更加坚定坚持"短视频营销种草 + 直播销售"的模式。在种子团队和单个平台运营稳定的情况下，建议湘小伍家逐步开发天猫、京东、拼多多等传统电商平台，为抖音等直播平台的直播秒杀营销促进策略提供价格和品质背书。

五、关键点

（一）案例关键点

（1）冲突在湘小伍特产连锁店的感官营销中的应用，是以具身认知的理论为前提的。

（2）湘小伍不断创造冲突、解决冲突的营销策略，需要建立在五感体验的基础之上，并通过具体店铺场景（环境）实施。

（3）认知、身体、环境是统一体。

（二）知识关键点

（1）刻板印象阻碍了感官营销的实施，要合理地运用冲突，打破局限，营销效果。

（2）冲突会因为消费者需求的变化、外部环境的变化而发生改变，因此，需要动态地创造冲突，解决冲突。

（3）感官营销，视觉、听觉、味觉、嗅觉、触觉，五感体验，多感合一。

六、建议课堂计划

（一）教学计划

本案例可以作为专门的案例讨论课来进行，帮助学生学习冲突营销及感官营销的理念、方法和策略。在实际教学中，建议采用头脑风暴法和无领导小组讨论的学习法，以更好地激发学生的发散思维，提高每个学生的参与度，获得较好的学习效果。

整个案例课的课堂时间控制在 90 分钟。为方便进行深入的讨论，教学环节安排如表 2 所示，仅供参考。

表2　无领导小组讨论在案例教学中的运用

序号	阶段	内容	时间
1	展示案例	提前发放案例的正文和思考题1、2。安排学生熟悉案例，参考附录，收集思考题1、2的相关资料	课前1周
2	方法介绍	教师简要陈述教学计划和时间安排。根据人数进行分组，明确任务，采用无领导小组讨论的方式	5分钟
3	全体学生头脑风暴	进一步结合案例材料，引导学生进行案例分析：旅游消费者对特产店的刻板印象主要存在哪些方面，会产生什么样的影响	8分钟
	归纳整理	把同类观点放在一起，综合归纳	5分钟
4	分组讨论	根据具身认知理论，思考湘小伍是如何将冲突运用于感官营销，去满足旅游消费者需求的	10分钟
5	分组发言讨论辩驳	以小组为单位，引导学生验证讨论结果 通过小组间的讨论辩驳，深入展开问题的讨论	13分钟
6	分组讨论	引导学生根据实际经验，从旅游消费者的角度出发，谈一谈其对湘小伍营销策略的感知—心理—行为的过程	15分钟
7	分组发言	以小组为单位，引导学员验证讨论结果	10分钟
8	分组讨论	结合案例讨论，湘小伍未来可能采取哪些营销策略	10分钟
9	归纳整理	把同类观点放在一起，综合归纳	5分钟
10	学习总结	教师总结点评。进一步对争论性的观点开展延伸性探索，案例讨论的思考题以小组报告的形式，一星期后提交	9分钟

（二）头脑风暴法实施注意事项

头脑风暴法在本案例教学中的第一环节，可以引导学员快速破冰，激发学习潜力（见图5）。

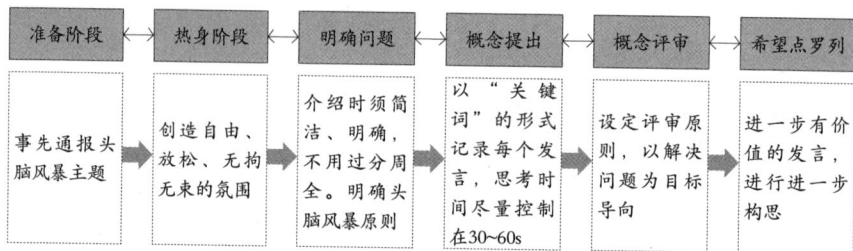

图 5　头脑风暴法过程

在实施过程中，要遵循 4 个原则：

（1）让所有学员畅所欲言，对所提出的方案暂时不做评价和判断；

（2）鼓励标新立异，与众不同的观点；

（3）以获得方案的数量而非质量为目的，鼓励多种想法，多多益善；

（4）鼓励提出补充意见和改进意见。

（三）无领导小组讨论方法实施注意事项

（1）经过讨论，小组最后必须形成一致性的意见。

（2）小组选派一名代表，在讨论结束后向考官报告讨论的情况和结果。

（3）讨论辩驳阶段：时间控制在 10 分钟以内，各小组发言结束后，小组间的讨论辩驳开始。这个阶段是最重要的阶段，可以深入展开问题的讨论，锻炼和展现学员的人际沟通能力、决策能力、应变能力和组织领导能力。

参考文献

1.[美]Peter F. Drucker. 不连续的时代 [M]. 吴家喜，译 . 北京：机械工业出版社，2020.

2.Lippmann W，Wright H R. Public Opinion[J].Journal of political Econnomy，1922.

3.Katz D，Braly K. Racial stereotypes of one hundred college students[J].Journal of Abnormal & Social Psychology，1933，28（3）：280-290.

4.佐斌．刻板印象内容与形态 [M].武汉：华中师范大学出版社，2015.

5.唐佩佩，叶浩生．作为主体的身体：从无身认知到具身认知 [J].心理研究，2012，5（3）：3-8.

6.Huang X，Zhang M，Hui M K，et al. Warmth and conformity：The effects of ambient temperature on product preferences and financial decisions[J]. Journal of Consumer Psychology，2014，24（2）：241-250.

7.Zhang Y. & Risen J. L. Embodied motivation：Using a goal systems framework to understand the preference for social and physical warmth[J]. Journal of Personality and Social Psychology，2014，107（6）：965-977.

8.吕兴洋．目的地感官营销：原理与工具 [J].旅游导刊，2020（2）：1-8.

9.Krishna A，Schwarz N. Sensory marketing，embodiment，and grounded cognition：A review and introduction[J]. Journal of Consumer Psychology，2014，24（2）：159-168.

10.Hagtvedt H. & Brasel S. A. Color saturation increases perceived product size[J]. Journal of Consumer Research，2017，44，396-413.

11.白学军，马谐，陶云．中—西方音乐对情绪的诱发效应 [J].心理学报，2016，48（7）：757-769.

12.Farsani N T，Shafiei Z，Adilinasab A，et al. An investigation of tourists'attitudes towards promoting music niche tourism（case study：Isfahan，Iran）[J]. Tourism Management Perspectives，2017（24）：1-6.

附录：湘小伍媒体报道资料汇编

序号	主题	发布平台
1	湘小伍家	百度百科
2	湘小伍店面场景相关图片	百度图片
3	带不走张家界的绝版山水，请带走湘小伍家品质特产	百度百家号：张家界七哥
4	湘小伍家做文化传承者	搜狐·华声在线
5	打造张家界土特产领军品牌，湘小伍挂牌上市	凤凰网·资讯

续表

序号	主题	发布平台
6	武陵源："湘小伍家"成业内首个"15天无理由退货"践行者	张家界市人民政府网站
7	张家界旅游流连忘返 湘小伍家分享快乐	凤凰网·旅游
8	【放心吃 放心购】湘小伍家：葛根全原粉保留葛根最原始的味道	网易
9	湘小伍·家与土家民间艺人联合举办传播土家文化演艺会	火车搜·旅游专题
10	"湘小伍家"魅力武陵源全国散文诗歌征文大赛开赛	张家界旅游网
11	腊味香，销售火	湖南省人民政府网站
12	湖南张家界：电商直播销"腊货"	人民网·人民图片
13	湘小伍家店内场景视频	腾讯视频
14	湘小伍家入选湖南省旅游购物示范点	华声在线
15	张家界魅力湘西项目"五一"提质 游人如织（图）	湖南频道
16	走近张家界的"葛根文化" 找回外婆手艺的味道	河北新闻网
17	张家界特产经销商备战"双十一"	华声在线
18	朱万璋入选第二届市级创业服务专家咨询团和创业培训讲师团	张家界市人力资源和社会保障局网站
19	湖南张家界：猕猴桃种植带动山区群众增收	新华社客户端
20	看山张家界景　人文湘小伍家	学习强国湖南学习平台·旅游频道
21	湘小伍·张家界真货特连锁店欢迎您来坐坐喝杯茶	火车搜·旅游专题
22	"长寿藤茶"采摘忙	新华社客户端
23	湘西人的最爱，"无辣不欢"正宗剁椒的做法	百度百家号：食道君
24	张家界浪漫情侣游：在湘小伍家的一次惊喜邂逅	学习强国湖南学习平台·旅游频道
25	到家都是客——感受张家界的湘小伍家	中国旅游新闻网

酒店成本管理的重中之重——事中成本控制的调查研究 [1]

熊正贤　　李德顺 [2]

内容提要： 基于管理控制理论，通过分析数家酒店成本控制问题的典型案例，发现了五个普遍存在于日常管理中的成本控制问题：一是一线工作中成本控制思想难以贯彻落实；二是直接产生成本的一线劳动过程难以标准化、精细化管理；三是员工职业道德操守问题导致的成本损失难以管理；四是分部门运营物资管理低效导致浪费严重；五是有价值物品再利用程度不够造成浪费的现象、对不理性消费缺乏管理造成浪费的现象。这些问题主要受以下因素影响：服务工作的即时性和服务产品的不可储存性，成本控制的管理系统不健全，成本管理不够细致，管理者的经验不足，酒店的节约管理不到位等。再通过比对两家酒店的管理系统组成来启发学生思考如何在实际工作中降低成本、提升企业效益。

关键字： 精细化管理；事中控制；成本控制；酒店

---

[1] 本案例由长江师范学院熊正贤教授、吉首大学研究生李德顺共同编写，案例资料主要来源于对企业实地调研、相关统计数据及公开信息资料。作者拥有著作权中的署名权、修改权、改编权。由于企业保密的要求，在本案例中对有关名称、数据等做了必要的掩饰性处理。本案例只供课堂讨论之用，并无意暗示或说明某种管理行为是否有效。

[2] 作者简介：熊正贤（1980—），男，湖南武冈人，博士，长江师范学院教授；研究方向为文旅融合、农旅融合。李德顺（1988—），男，湖南吉首人，吉首大学硕士研究生；研究方向为酒店管理。

一、引言

每到月底的时候，湘西 Y 酒店的总经理陈总和千里之外长沙的 S 酒店总经理林总都会有同样的忧愁，"为什么酒店成本总是降不下来呢？""总是需要一些会计技巧才能将财务数据做得漂亮一些,这样向业主汇报更有信心。难道我们的成本管理真的漏洞太多才导致过高的成本吗？""每当问及财务经理下月的预算时，他总是面露难色，他的意思不外乎是业绩是由营业部门创造的，财务部更多偏重于营业数据管理，所以他往往提出的预算目标也只是数据上的预测。但营业部门经理在预算上基本是靠经验判断……"其实，这些忧愁在全国酒店的管理中普遍存在。

二、两家酒店的概况与成本管理工作介绍

Y 酒店是一家国内连锁品牌的四星级酒店，开业将近 5 年，约有 280 间客房、2 个餐厅。S 酒店是一家国际连锁品牌的五星级酒店，开业十余年，约有 350 间客房、5 个餐厅。经过走访调查后，我们发现这两类酒店在国内高星级酒店中具有典型代表性。在成本管理人员配置方面，Y 酒店设置了成本会计岗位，有 1 名主管 2 名员工，3 人负责整个酒店成本控制工作。S 酒店设置了成本控制部，负责人为财务部副总监，下设 7 名员工（其中 2 名主管）。

在国内，酒店业成本管理部门工作职责基本已经形成标准，主要包含以下职责：盘点库存，每月进出原材料的盘点，固定资产管理，报税与发票管理，核对应付账款，审核及参与报损，固定资产折旧，人力成本管理，水电气费用成本，预算管理（数字化监督部门的预算制定与执行），监督采购物资的数量与价格，成本卡审核制作，参与成本定价。

结合酒店成本管理部门工作职责与酒店工作分工发现，成本管理部门工作主要是在事前控制、事中部分的成本测算、事后控制的总结分析（李希富，1999）。事中控制部分的成本源头控制容易被成本控制部门忽视且权限难企及。酒店行业因为其行业特殊性（劳动力密集型产业、快速消费行业），成本管理的水平既与酒店成本管理的策略及其执行有关，也依赖于一线员工的高效率工作。但是，绝大多数酒店更注重成本管理的策略而忽视在实际工作中去控制成本。下此结论最大的依据是几乎所有酒店的成本管理都采用部门预算汇总的方式，财务部监督成本管理，财务部出示月度经营数据的资产负

债表，所有部门负责人仅在开经营总结会时关注成本管理，其余时间经营部门基本是以完成本职的接待工作为主。在整个酒店成本管理的过程中，成本控制部扮演着穿针引线的作用，并不能真正地成为成本管理的实际指挥者。而运营部门却往往会将与成本有关的工作归于成本控制部，自身尽量避免去做成本控制工作。多数酒店因此忽视了成本管理中成本产生的部分——事中成本控制。酒店成本管理流程如图 1 所示。

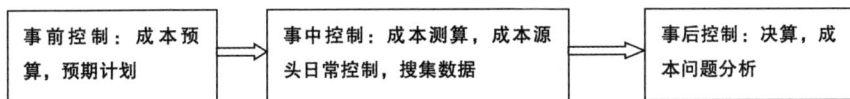

| 事前控制：成本预算，预期计划 | → | 事中控制：成本测算，成本源头日常控制，搜集数据 | → | 事后控制：决算，成本问题分析 |

图 1　酒店成本管理流程简单示意

三、两家酒店成本管理问题对比分析——聚焦事中控制

（一）普遍问题一：一线工作中成本控制思想难以贯彻落实

成本控制的节约思想难以达到全员统一，成本管理理念滞后（赵兰燕，2016），这是酒店成本控制工作的"普遍硬伤"。没有"从上而下"地践行节约的思想、没有相应的管理条例，也就不会"自下而上"地及时反馈问题。以下是部分员工的心声和表现。

"我们是五星级酒店，五星就是提供精品，产品有一点瑕疵都不行"，这样精益求精的思想，却时常成为"浪费"冠冕堂皇的理由。为了加快工作的速度，某厨师在油炸鱼块时直接用厨刀将塑料油桶砍开一个大洞，可以一下把油倒进锅里，但既伤刀又费油，"反正不是自己的东西不必节约，我只要快点炸好那几十斤鱼块完成任务，泼出去一些油没事"，类似铺张浪费的工作现象并不少见。"我就是一个实习生，在这里只要干满 8 个月，以后也不会来了，管他什么成本""成本控制不是财务部负责的事情吗？和我们餐厅服务员的关系不大吧"。

据调查，S 酒店的自助餐厅每月测算一次成本：月初，成本部门两名员工把菜品原料制成表格，开餐前将原材料称重数据计入表中，在收餐后再次称重计数。这个过程看似专业，但问题出在协助财务工作的厨师手上。由于要在开餐前、收餐后各 1 小时左右分别完成所有统计，即使有厨房员工的协助，也很难完成百种原材料的一一统计；一部分原材料的统计归纳的归属项目就因人而异，如有人认为已经开袋了的大米就不必计入原材料中了。思想松懈导致员工在配合成本控制部门做成本测算时敷衍了事。

调查中发现，不关心成本的思想普遍存在，它与服务工作的即时性、服务产品的生产与消费同时性等特殊因素有直接关系。首先，对客服务时客人催促以及工作中上下流程的高速衔接配合，客观现实经常逼迫员工争分夺秒地去完成工作。其次，部门之间配合完成工作时，员工普遍有趋利避害性思维，当任务不是自己的职责时可能会表现得配合意愿低，思想消极。最后，由于每个分部门、各种资产与日常易耗品数目繁多，员工入职、离职流动率高，节约思想的可植入周期短，难以生效。"人多、物杂、事繁"导致从上而下的高效节约的思想难以贯彻执行。

（二）普遍问题二：直接产生成本的一线劳动过程难以进行精细化、标准化管理

一线成本控制工作难以开展主要表现在管理的职能与管理的层级两个维度。成本管理工作有序进行要遵循计划、组织、领导、控制等职能有序运转，同时，成本管理工作要求"决策者、计划组织者、监督执行者"三个管理层级的员工积极响应。以下三个案例分别从三个管理层级显示出其职能行为对成本控制造成的影响。

D 市两家国际五星酒店并列竞争该市高端市场。临近中秋，两家均推出多重促销。在节前一周,H 酒店预订已经过半,便加紧采购物资准备大干一场，但忽视了 S 酒店的市场动作。在节前 5 日，S 酒店突然宣布自助餐价格跳水降价，客人纷纷取消 H 酒店预订而参加 S 酒店的活动,一下打乱 H 酒店部署。节日当天到店人数远低于预期，很多原材料造成不可逆的浪费。高层的市场计划决策职能失误是此次 H 酒店惨败的重要原因。

C 酒店要更新客房送餐菜单包装，总经理要求借此契机完善菜单内容，修正几处英文翻译瑕疵，指示送餐相关部门负责人审核稿件，送餐部经理负责下采购单，收货分发至楼层，最终由客房员工负责更换菜单。送餐经理接到任务后反应消极，认为应由厨师长负责此事，便草率地把任务交给主管，暗示"厨师长定的菜单，走过场吧"，主管便下单走流程。不料在收货当天得知集团总部将检查工作，且送餐服务必检。副总监得知后无奈亲抓此事连夜临时打印二十本新菜单，在调查员抵店前一刻将菜单放在相应楼层和展示房间。后续追加打印一百本菜单专做应对检查，已收货五百本先更新旧菜单，

但菜单内容的修正只有等到下次更新菜单才能完成了。该酒店因此损失了近万元。中层的上传下达、相关部门的平行沟通欠缺、高层督促控制职能欠缺是此次事件的主要原因。

宴会工作标准中要求宴会桌的仓库码放做到"桌脚对桌脚、桌面对桌面"，领班老张在码放宴会桌的时候认为桌面对桌脚更能够码放稳定，自己放起来也舒服，并不在意桌子的折叠脚会刮花紧贴的桌面，宴会经理偶然得知这一情况后发现数张桌面已经受损刮花。执行层的员工忽视工作标准流程是该事件的直接原因，基层管理现场监督不力是主要因素。

分析原因发现，缺乏监管或者不健全的成本控制管理系统是管理失误的重要原因，而相关管理者在日常管理中是否认真履职是重要的执行原因，管理者的精细化与标准化的工作对成本控制有极大意义，但玩忽职守就会导致成本控制问题的发生。各层级的员工应各司其职，认真按标准完成分内工作，保证层级之间合理有序沟通协作，促进成本控制工作高效开展。

（三）普遍问题三：员工规范工作与职业道德操守问题导致的成本损失

劳动过程理论出发点是劳动力的不确定性，资本在购买劳动力以后面临的最大挑战是如何将劳动力百分之百地转移到产品或者服务中去（陈龙，2020）。作为"劳务提供方"的劳动者也会在劳动过程中思考如何最大化地"节省"自己的劳动力，甚至"赚取某些福利"。在酒店这一劳动力密集型的产业中，提供服务工作的过程存在"套取私利"的不确定性漏洞，低值易耗品每天大量进出，"顺手牵羊"的消耗与"工作需要"的支出有时难以区分，更有职业道德败坏的经济案件发生导致成本损失。有以下案例为证。

经匿名采访获悉，超九成的一线待客员工都或多或少、有意无意地受益过酒店物资，如康体员工下班后趁健身器材闲置去锻炼，客房员工在下班淋浴时使用了酒店的沐浴露。基层管理者一般以督促员工完成工作为出发点而忽视成本的浪费，如一位客房主管检查做房质量时，他会关注打扫的质量是否过关，并不会注意员工有没有把没开包的洗漱用品再次利用。

某些经济上的原则性问题导致酒店成本损失更是巨大。比如，某某厨师长指定某海鲜批发店为供应商而长年收受供应商巨额回扣，某某服务员调包客人高级白酒倒卖获利，某餐厅经理自行接洽小型宴会，一面告知客人需要加收场地费，另一面定制了一套12桌的菜单来应付财务检查并声称没有收取场地费，最后私自扣留场地费一万余元，等等。

经分析发现该类现象产生有三个原因：首先，酒店从业人员高流动性限制了以成本节约为基调的控制环境（姜猛，2015），人员流动、岗位变化、岗位空缺等现象导致的工作中责任分工不明晰，留有管理漏洞较多；其次，有些细节行为是否属于正常工作范围有待商榷、性质难定，导致某些低素质员工有谋取私利的空子可钻；最后，员工职业素质越低越容易造成浪费。

（四）普遍问题四：分部门运营物资管理低效导致浪费严重

部门物资管理通常包括三个方面：存货管理、营运物品管理、部门二级仓库管理。管理者的存货管理方法一般是通过经验、市场情报分析来决定物品进出数量。部门的二级仓库主要的作用是减少分部门到总仓的领货次数、减少日常审批成本，主要储藏部门日常所需的易耗品、原材料等，这些物品通常有相对较短的使用期限特性。以下两个案例就是由于对运营物资管理不到位而造成了成本的损失。

某餐厅的二级仓库同时扮演着仓库与部门闲置储物库的角色，"混合"储藏着平时的运营物品与一些闲置营运物品（如圣诞树），这样导致成本管理的难度加大。在这几棵圣诞树的归属问题上，餐厅经理认为这是酒店的公共物品，不应当划归该餐厅，但由于该餐厅使用圣诞树频率最高，本着节约领货时间的想法该经理一直未把这几棵圣诞树还给酒店总仓。这给季末财务部盘点时增加了工作量，总仓要到该二级仓库拍照点数。

某开业酒店的餐饮部存货管理存在以下问题。二级仓库堆放混乱，加之员工操作不当，开业购买的玻璃器皿在未开封的情况下堆放半年，打开之后发现器皿早已损坏，而时间早已超过了采购合同约定的破损赔付期，造成直接损失一万余元。由于没有专职员工负责按时清查存货，在大检查中才发现大量的过期食品原材料和已开封但被遗忘了的原材料。

该类现象产生的原因有三个。首先，运营物资的管理水平优劣与管理者的经验分析水平以及决策者对市场的敏锐度有较大关系，一旦管理不善极有可能造成物资损失。其次，二级仓库在日常管理中需要重视存货管理，常用的运营物品与较少用的节庆日用品需要合理安排，避免物品过多闲置造成堆积。最后，部门从人力成本考虑，往往不会配备专职二级仓库的管理员，但对于仓库物资与仓管员的工作监督不力可能造成无形的成本损耗。

（五）普遍问题五：有价值物品再利用程度不够造成浪费的现象、对不理性消费缺乏管理造成浪费的现象

目前在酒店业中已开展的回收项目主要集中在中央空调冷凝热回收区域，其他的区域（如蒸汽凝结水利用、一次性物品回收等）还处于起步阶段甚至空白阶段，尤其是酒店餐饮厨余处理现存企业监管不到位、处理工作机制不健全等问题（王炳春，2020）。这些背景对酒店的物资回收与再利用的现状有深刻影响。此外，对客人理性消费的绿色引导力度不够，导致国内中高端酒店存在大量浪费。以下案例明显反映此类现象。

对于客房的一次性用品来说，很多废弃的洗漱用品并没有完全使用，或者仅仅拆开外包装。根据携程网数据统计，2017 年国内 44 万家酒店接待旅客 48 亿人次，70% 以上的香皂仅在使用一次后丢弃，每年酒店业丢弃超过 40 万吨香皂，价值 80 亿元（吴涛，2018）。在餐饮部的厨余处理方面，尤其是自助餐和大型宴会的时候，很多菜都没有动过，但根据 HACCP（危害分析与关键控制点）概念中"食品展示时间超过 4 小时不宜食用，必须进行处理"这一条例，也不得不直接将厨余全部处理。

H 酒店的自助餐厅全城知名，但是每天都会看到餐桌上食物浪费的现象。由于烤肉和海鲜的不限量供应，某些客人在"报复"心理作祟的情况下拿取远超过自己食量的食物，对浪费不以为然。餐厅管理者无奈,最终想出了"下下策"：减少撤脏盘的次数、给客人多端饮料，填饱客人肚子的同时也填满餐桌。

以上现象产生的原因有四个。首先，即使有的边角料在其他部门还有利用价值，但是对于物品的高效利用却需要部门之间协作磨合且沟通成本高，往往导致合作的放弃。其次，垃圾分类与处理的前期投资较大，而且需要较高的人力投入，所以酒店往往选择直接联络相关专业公司来处理。再次，有些部门私自将有价废弃物卖给回收站，有利可图。后果是酒店成本回收、影响部门团结，甚至发生经济案件。最后，缺乏酒店行业的整体性绿色行为宣传，缺少酒店行业"绿色联盟"的资源整合利用（朱沫文，2021），酒店自身难敌市场大环境，渐渐造成员工漠视、客人忽视的过度浪费消费行为。

（六）事中控制水平差异比较

1. 人力资源管理与组织构架

S 酒店的管理集团总部统一下发的所有岗位工作描述，将所有岗位的职

责做了详细的描述，敦促员工按照标准流程操作，并且允许根据当地情况进行部分修改。这样可以保证长沙 S 品牌酒店的产品在不违背当地法律与习俗的情况下也能够与纽约 S 酒店达到同样的接待标准。但是，Y 酒店在筹备初期，集团总部并没有操作指南，而是要求所有部门自行编订该部门所有岗位的工作流程与工作描述。而这种自行编订的操作指南就与部门负责人的个人经历以及个人意愿有很大的关系，并不一定能够做到高效与专业。所以，在其他条件相近的情况下，S 酒店的体制既能够培养出更多的专业酒店人才，也能促进工作高效进行。

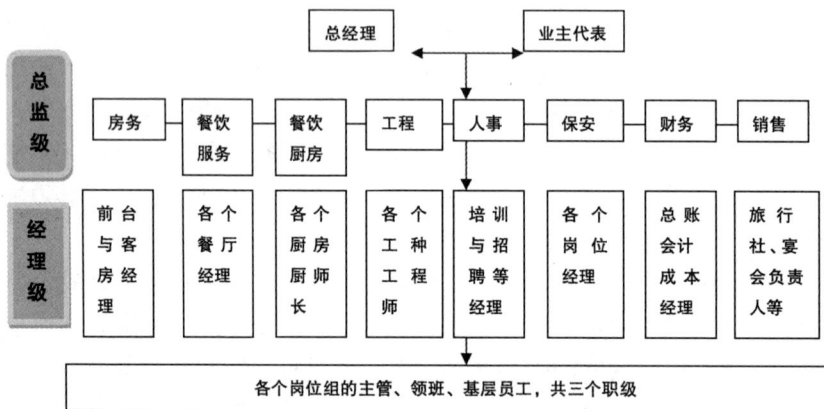

图 2　酒店组织构架

资料来源：笔者整理而成。

图 2 是酒店组织构架简图，Y 酒店与 S 酒店的组织构架基本一致，S 酒店组织基本按照上图排列构架，大部门负责人均为总监级别，分部门负责人为经理级；Y 酒店仅有一到两位总监的编制，大部门负责人基本是经理级别，相应的分部门负责人也就是主管级别，所以从人力成本上进行编制缩减。由此可见，国内酒店的组织管理基本趋于标准化，差异主要是在人力成本费用的控制上。

2. 管理信息系统与财务数据控制比较（见表 1、表 2）

就管理信息系统来说，无论是国内品牌酒店还是国际品牌酒店，其信息系统主要功能并没有多大差异，其中的差异在于数据的统计与分析是否足够细致，信息化管理是否足够精细，这一点在两家酒店的业绩分析会议相关表格的精细程度上有足够的体现。

在成本管理的会计方法上，Y 酒店先获取出入库的账单，然后根据部门领货记录每月去盘点部门的库存，以此确定部门的营业原材料成本。主要采取目标成本法，财务部负责汇总制定酒店的预决算。餐饮与客房等部门仅仅提出各自的经营目标；S 酒店同样采取目标成本法，但同时也兼有作业成本法的应用，如餐饮部 5 个餐厅是分开核算、厨房与餐厅楼面分开核算，成控部协助测算某项作业所产生的成本。在成本工作方面，虽然两家酒店的工作内容差异不大，但是工作细致程度却有明显差异，由此对成本控制的力度也明显有高下之分。

每月底的业绩分析会议虽被列入事后控制，但其仍然可以作为月底时事中控制成本以及下月初预先控制成本的重要依据。因此，作为重要的事中控制工具，信息系统与财务控制系统的高效管理与成本控制工作息息相关。这两家酒店的系统构建也代表了国内大多数高星级酒店的选择，总体来看，S 酒店的管理系统更加高效，但是需要的管理费用也更加高昂。

表 1 管理信息系统比较

	长沙S酒店	湘西Y酒店
餐饮	MICROS、微信、携程、美团等App	西软餐饮系统、微信、携程、美团等App
房务	OPERA、微信、携程、美团等App	西软房务系统、微信、携程、美团等App
其他营业部门	MICROS、微信、携程、美团等App	西软餐饮系统、微信、携程、美团等App

表 2 两家酒店经营业绩分析会议所用表格对比

	湘西Y酒店	长沙S酒店
数据表格	酒店营业数据表、酒店成本表	资产负债表、酒店总体损益表、大部门损益表、分部门损益表
人员	分部门负责人以上职员	分部门负责人以上职员
流程	财务负责人分析、各大部门及分部门分析、提出经营整改措施建议。总经理拍板决定	财务负责人分析、各大部门及分部门分析、提出经营整改措施建议。总经理拍板决定
表格评价	项目相对粗糙，成本数据手动汇总	项目比较精细，成本数据均是系统导入
信息控制	销售部负责市场传讯、市场动作基本源自管理者自身经验与会议讨论	有专门的市场传讯部，有集团以及酒店的市场数据分析部门，共同决策市场动作

资料来源：笔者根据 Y、S 两酒店的内部资料整理而成。

3. 制度管理与漏洞

在日常，制度的漏洞多与既得利益相关。酒店成本管理制度的漏洞主要出现在以采购部等后台部门、餐饮部前台销售部等业务部门以及高级职员为主要的区域。采购部可以在选择供应商、制定价格、制定购买数额等方面有漏洞可钻，因此采购部一般都受成控部监督。而餐饮部每日有太多进出的原材料，所经过的流程也很多，任何流程管理不善都有可能导致浪费的发生。而高级职员的管理容易被忽略，近年来国内很多酒店曝出高级职员的腐败情况触目惊心。同时高级职员也是最熟悉酒店的各种制度的人，甚至很多制度是高级职员制定的，对他们的监管也是成本控制的重要工作之一。

四、如何应对经济与大环境的压力，成本控制如何取得突破

S 酒店与 Y 酒店均代表了当地的高星级酒店的水平，同时也是国内高星级酒店的缩影。随着劳动力成本增加、物流发达促进原材料获取难度降低、社会食宿行业的冲击、服务行业从业人员的刻板印象不断下降导致酒店人才基数下降，高星级酒店的产品与中高端食宿行业越来越没有明显的区分，酒店行业势必走向微利行业。如何让成本管理更加高效呢？两方领导也在不约而同地寻找"开源节流"的新思路。

案例教学使用说明

一、教学目的与用途

我国高端酒店项目上马的热潮已经持续十余年，从沿海一线城市到内陆的三、四线城市已经遍布高端品牌酒店的身影。高端酒店市场已经进入了竞争白热化阶段，从品牌竞争到服务竞争，从销售渠道竞争到餐饮特色、主题客房竞争，再到价格上的竞争，一直都在追求更加火爆生意的路上，这导致很多酒店忽视成本控制的重要性。

本案例主要针对酒店管理者从酒店的日常经营角度审视成本管理的问题，旨在为 MTA、MBA 等学员提供日常成本管理的策略启示，使酒店管理者们更加高效地控制成本，提高效益。其中多个小案例对于管理者有借鉴意义。

二、启发思考题

（1）了解中国高端酒店近 10~15 年以来的发展状况，从酒店日常运作的角度分析成本过高的原因。

（2）请分别调查了解国内四星级品牌酒店、国内五星级品牌酒店、国际五星级品牌酒店同一款产品的价格（如一个标准间价格、一杯橙汁的价格、一罐可乐的价格、一份辣椒炒肉的价格等），分析不同级别酒店的产品定价水平与经营成本之间的关系，详细列出成本项目，估算利润空间。

（3）请用控制理论解释成本事中控制的意义所在。

（4）看完以上案例，如果你是总经理你会制定什么成本控制方面的制度或是做出什么决策吗？

三、分析思路

教师可以根据教学目的灵活运用案例，以下建议供参考。

（1）明确酒店成本管控的主题，引导学生了解酒店管理日常。

（2）引导学生分析案例，结合现阶段环境分析，为什么现在亟须注重成本管理控制。

（3）引导学生分析案例重点，控制理论对于成本现场管理的重要意义。

（4）关注实操要点，讨论如何从制度层面、技术层面杜绝浪费、降低成本。

（5）教师归纳总结案例重点难点。

四、理论依据

管理控制理论。美国科学家维纳发表的《控制论》[1]一书是控制理论发展史上的重要里程碑。维纳把控制理论定义为：关于动物和机器中的控制和通信的科学。控制论认为：控制是一个有组织的系统根据内外部的各种变化进行调整，不断克服系统的不确定性，使系统能够保持某种特点的状态，是控制主体对受控制主体的一种能动作用，这种能动作用能够使得受控主体根据施控主体的预定目标而动作。

1965 年安东尼对管理控制概念进行了界定[2]：管理者为了实现组织目标，富于效率和效果地获取和使用资源的过程。当今公认罗宾斯理论中的管理的四大基本职能：计划、组织、领导、控制。管理工作本质上是由这几项职能有机组合构成的一个循环过程。控制为组织提供适应环境变化、限制偏差累计、处理组织内部复杂局面和降低成本提供有效途径，控制这四项基本功能也是控制的目的所在。控制的对象目标主要是人员控制、财务控制、作业控制、信息数据控制、组织绩效控制等。控制按照时间划分有预先控制、现场控制、事后控制。在现实情况中，很少有组织采取唯一的控制方式，一般是三种控制方式结合资源的输入、转换和输出进行全面的全过程控制。

控制职能在酒店财务管理中最重要的体现就是成本控制，而财务成本控制部门主要的工作职权范围是预先的预算控制、事中的成本监督、事后的决算分析。财务部门对于成本产生的直接主体一线员工却难以进行有效的事中控制，因为只有员工认识到纠正工作偏差的必要且具有矫正能力的时候，以往的不规范操作习惯才能被彻底纠正，才能真正节约事中消耗成本。

[1] 诺伯特·维纳. 控制论 [M]. 王文浩，译. 北京：商务印书馆，2020.

[2] Anthony，R N.Planning and control systems：A framework for analysis[M].Boston：Harvard Business School，1965.

五、课堂安排建议

案例教学时间安排：1个学时左右。

课前计划：提出思考题目，请学员提前完成阅读与思考，并自行制作一张某个酒店商品的成本卡。

课中计划：

（1）明确主题，教师引导。（5~10分钟）

（2）分组讨论思考题。（25~30分钟）

（3）小组发言。（每组5~8分钟，30分钟完成）

（4）全班讨论并总结归纳。（10~20分钟）

课后计划：请学员根据自身经验或实地调查经验写一份事中成本控制主题的报告。

参考文献

1.李希富.从数据库到数据仓库——对会计决策支持系统进一步发展的思考[J].管理信息系统，1999（5）：26-30.

2.赵燕兰.基于价值链理论的酒店作业成本系统构建[J].财会通讯，2016（14）：89-91.

3.陈龙."数字控制"下的劳动秩序——外卖骑手的劳动控制研究[J].社会学研究，2020（6）：113-135.

4.姜猛.以内部控制为核心的酒店成本节约机制研究[J].财会通讯，2015（5）：123-124.

5.王炳春.我国厨余垃圾亟待无害化处理和资源化利用[J].黑龙江粮食，2020（8）：41-44.

6.吴涛.酒店香皂浪费惊人 调查称平均每家酒店每天扔5斤[EB/OL].中国

新闻网，2018-09-10.

7.朱沫文.中国饭店实施绿色计划的现状分析研究[J].商业创新，2021（9）：117-119.

策划编辑：段向民
责任编辑：孙妍峰
责任印制：钱　戍
封面设计：弓　娜

图书在版编目（ＣＩＰ）数据

吉首大学首届 MTA 优秀教学案例集 / 鲁明勇，粟娟，杨卫书编著． -- 北京 ： 中国旅游出版社，2025. 5.

ISBN 978-7-5032-7560-9

Ⅰ．F590

中国国家版本馆 CIP 数据核字第 20259HK273 号

书　　名：吉首大学首届 MTA 优秀教学案例集

作　　者：鲁明勇　粟　娟　杨卫书

出版发行：中国旅游出版社

　　　　　（北京静安东里 6 号 邮编：100028）

　　　　　https://www.cttp.net.cn E-mail:cttp@mct.gov.cn

　　　　　营销中心电话：010-57377103，010-57377106

　　　　　读者服务部电话：010-57377107

排　　版：北京数启智云文化科技有限公司

经　　销：全国各地新华书店

印　　刷：北京明恒达印务有限公司

版　　次：2025 年 5 月第 1 版 2025 年 5 月第 1 次印刷

开　　本：720 毫米 ×970 毫米　1/16

印　　张：9

字　　数：158 千

定　　价：59.80 元

ＩＳＢＮ　978-7-5032-7560-9